创新型中等职业教育精品教材

数学辅导与自测

（拓展模块）

主编 广学丽

航空工业出版社

北京

内 容 提 要

本书是与中等职业教育教材《数学（拓展模块）》相配套的学生用书，是根据《中等职业学校数学教学大纲》的要求进行编写的。

本书共分 3 章，主要内容包括：三角公式及应用，椭圆、双曲线、抛物线，概率与统计。本书中，每章都以节为单位，每节包括"重点与难点辅导""教材习题解析"和"自我检测题"，每章末尾还包括"教材复习题解析"和"本章自我检测题"。在书的最后，还附有检测题答案，以供学生查阅。

本书可供中等职业学校的教师和学生使用。

图书在版编目（CIP）数据

数学辅导与自测：拓展模块 / 广学丽主编. -- 北京：航空工业出版社，2015.10（2023.1 重印）
ISBN 978-7-5165-0906-7

Ⅰ.①数… Ⅱ.①广… Ⅲ.①数学课－中等专业学校－教学参考资料 Ⅳ.①G634.603

中国版本图书馆 CIP 数据核字(2015)第 243669 号

数学辅导与自测（拓展模块）
Shuxue Fudao yu Zice(Tuozhan Mokuai)

航空工业出版社出版发行
（北京市朝阳区京顺路 5 号曙光大厦 C 座四层　100028）
发行部电话：010-85672663　　010-85672683

北京谊兴印刷有限公司印刷	全国各地新华书店经销
2015 年 10 月第 1 版	2023 年 1 月第 5 次印刷
开本：787×1092　　1/16	字数：181 千字
印张：8.75	定价：24.00 元

本书是与中等职业教育教材《数学（拓展模块）》相配套的学生用书，是根据《中等职业学校数学教学大纲》的要求进行编写的。

本书共分 3 章，按照教材的章节顺序进行编写。每章都以节为单位，每节包括"重点与难点辅导""教材习题解析"和"自我检测题"，每章末尾还包括"教材复习题解析"和"本章自我检测题"。在书的最后，还附有检测题答案，以供学生查阅。

本书结构清晰，每一节均先进行知识结构梳理，对重点、难点进行总结；随后对教材习题进行解析，加深学生对知识的理解；最后让学生进行自我检测，强化学生对知识的掌握。

本书设置了多种题型，同时降低了习题难度，真正遵守新大纲的要求，使学生学习并掌握职业岗位和生活中所必要的数学基础知识，引导学生逐步养成良好的学习习惯、实践意识、创新意识和实事求是的科学态度，提高学生的就业能力与创业能力。

在编写过程中，我们参考了大量的文献资料。在此，向这些文献的作者表示诚挚的谢意。

由于编写时间仓促，编者水平有限，书中疏漏与不当之处在所难免，敬请广大读者批评指正。

本书配有精美的教学课件，读者可以登录文旌综合教育平台"文旌课堂"（www.wenjingketang.com）下载。

目 录

第1章 三角公式及应用 ··· 1

  1.1 两角和与差的正弦公式与余弦公式 ·· 1

    【重点与难点辅导】 ··· 1

    【教材习题解析】 ·· 2

    【自我检测题】 ··· 6

  1.2 正弦型函数 ··· 10

    【重点与难点辅导】 ·· 10

    【教材习题解析】 ··· 10

    【自我检测题】 ·· 14

  1.3 正弦定理与余弦定理 ·· 17

    【重点与难点辅导】 ·· 17

    【教材习题解析】 ··· 18

    【自我检测题】 ·· 23

  教材复习题解析 ·· 27

    复习题1 ·· 27

  本章自我检测题 ·· 34

    第1章自测题 ··· 34

第2章 椭圆、双曲线、抛物线 ·· 39

  2.1 椭圆 ·· 39

    【重点与难点辅导】 ·· 39

    【教材习题解析】 ··· 40

    【自我检测题】 ·· 44

  2.2 双曲线 ··· 48

    【重点与难点辅导】 ·· 48

    【教材习题解析】 ··· 49

【自我检测题】·· 53

2.3 抛物线 ·· 57

【重点与难点辅导】··· 57

【教材习题解析】··· 58

【自我检测题】·· 60

教材复习题解析 ·· 63

复习题 2 ··· 63

本章自我检测题 ·· 67

第 2 章自测题 ·· 67

第 3 章 概率与统计 ·· 72

3.1 排列与组合 ·· 72

【重点与难点辅导】··· 72

【教材习题解析】··· 73

【自我检测题】·· 76

3.2 二项式定理 ·· 80

【重点与难点辅导】··· 80

【教材习题解析】··· 80

【自我检测题】·· 82

3.3 离散型随机变量及其分布 ·· 85

【重点与难点辅导】··· 85

【教材习题解析】··· 87

【自我检测题】·· 90

3.4 二项分布 ·· 95

【重点与难点辅导】··· 95

【教材习题解析】··· 96

【自我检测题】·· 99

3.5 正态分布 ·· 103

【重点与难点辅导】··· 103

【教材习题解析】··· 104

【自我检测题】·· 106

教材复习题解析 ······ 110
    复习题 3 ······ 110
本章自我检测题 ······ 115
    第 3 章自测题 ······ 115
检测题答案 ······ 121

第1章 三角公式及应用

1.1 两角和与差的正弦公式与余弦公式

【重点与难点辅导】

1. 两角和的余弦公式为
$$\cos(\alpha+\beta)=\cos\alpha\cos\beta-\sin\alpha\sin\beta,$$
可简记作 $C_{(\alpha+\beta)}$.

两角差的余弦公式为
$$\cos(\alpha-\beta)=\cos\alpha\cos\beta+\sin\alpha\sin\beta,$$
可简记作 $C_{(\alpha-\beta)}$.

公式 $C_{(\alpha+\beta)}$ 和公式 $C_{(\alpha-\beta)}$ 统称为两角和与差的余弦公式,简记作 $C_{(\alpha\pm\beta)}$.

2. 两角和的正弦公式为
$$\sin(\alpha+\beta)=\sin\alpha\cos\beta+\cos\alpha\sin\beta,$$
可简记作 $S_{(\alpha+\beta)}$.

两角差的正弦公式为
$$\sin(\alpha-\beta)=\sin\alpha\cos\beta-\cos\alpha\sin\beta,$$
可简记作 $S_{(\alpha-\beta)}$.

公式 $S_{(\alpha+\beta)}$ 和公式 $S_{(\alpha-\beta)}$ 统称为两角和与差的正弦公式,简记作 $S_{(\alpha\pm\beta)}$.

3. 两角和的正切公式为
$$\tan(\alpha+\beta)=\frac{\tan\alpha+\tan\beta}{1-\tan\alpha\tan\beta}.$$

可简记作 $T_{(\alpha+\beta)}$.

两角差的正切公式为
$$\tan(\alpha-\beta)=\frac{\tan\alpha-\tan\beta}{1+\tan\alpha\tan\beta}.$$

可简记作 $T_{(\alpha-\beta)}$.

公式 $T_{(\alpha+\beta)}$ 和公式 $T_{(\alpha-\beta)}$ 统称为两角和与差的正切公式，简记作 $T_{(\alpha\pm\beta)}$.

4. 二倍角公式为

$$\begin{cases} \sin 2\alpha = 2\sin\alpha\cos\alpha \\ \cos 2\alpha = \cos^2\alpha - \sin^2\alpha \\ \tan 2\alpha = \dfrac{2\tan\alpha}{1-\tan^2\alpha} \ (\alpha, 2\alpha \neq \dfrac{\pi}{2} + k\pi, k \in \mathbf{Z}) \\ \cos 2\alpha = 2\cos^2\alpha - 1 \\ \cos 2\alpha = 1 - 2\sin^2\alpha \end{cases}$$

5. 二倍角公式可以起到升幂的作用．在应用二倍角公式时，要分清角之间的相对关系，如 2α 是 α 的倍角，4α 是 2α 的倍角．

【教材习题解析】

习 题 1.1

1. 求下列各式的值．

（1）$\sin 105°$；

（2）$\cos 165°$；

（3）$\cos 15° + \sin 15°$；

（4）$\cos 40°\sin 80° + \sin 40°\cos 80°$；

（5）$\dfrac{1+\tan 15°}{1-\tan 15°}$；

（6）$\sin^2 \dfrac{\pi}{8} - \dfrac{1}{2}$．

解答 （1）$\sin 105° = \sin(45° + 60°) = \sin 45°\cos 60° + \cos 45°\sin 60° = \dfrac{\sqrt{2}+\sqrt{6}}{4}$．

（2）$\cos 165° = \cos(45° + 120°) = \cos 45°\cos 120° - \sin 45°\sin 120° = -\dfrac{\sqrt{6}+\sqrt{2}}{4}$．

（3）$\cos 15° + \sin 15° = \sqrt{2}(\dfrac{\sqrt{2}}{2}\cos 15° + \dfrac{\sqrt{2}}{2}\sin 15°) = \sqrt{2}(\cos 45°\cos 15° + \sin 45°\sin 15°) = \sqrt{2}\cos 30° = \dfrac{\sqrt{6}}{2}$．

（4）$\cos 40°\sin 80° + \sin 40°\cos 80° = \sin 120° = \dfrac{\sqrt{3}}{2}$．

（5）$\dfrac{1+\tan 15°}{1-\tan 15°} = \dfrac{\tan 45° + \tan 15°}{1 - \tan 45°\tan 15°} = \tan 60° = \sqrt{3}$．

(6) $\sin^2\dfrac{\pi}{8}-\dfrac{1}{2}=\dfrac{1-\cos\dfrac{\pi}{4}}{2}-\dfrac{1}{2}=\dfrac{2-\sqrt{2}}{4}-\dfrac{1}{2}=-\dfrac{\sqrt{2}}{4}$.

2．化简下列各式．

(1) $\sqrt{3}\sin x+\cos x$；

(2) $\sin(\dfrac{\pi}{3}+\alpha)+\sin(\dfrac{\pi}{3}-\alpha)$；

(3) $(\sin\alpha-\cos\alpha)^2$；

(4) $\cos^4\beta-\sin^4\beta$．

解答 (1) $\sqrt{3}\sin x+\cos x=2(\dfrac{\sqrt{3}}{2}\cos x+\dfrac{1}{2}\sin x)=2(\sin 60°\cos x+\cos 60°\sin x)=2\sin(60°+x)$．

(2) $\sin(\dfrac{\pi}{3}+\alpha)+\sin(\dfrac{\pi}{3}-\alpha)=\sin\dfrac{\pi}{3}\cos\alpha+\cos\dfrac{\pi}{3}\sin\alpha+\sin\dfrac{\pi}{3}\cos\alpha-\cos\dfrac{\pi}{3}\sin\alpha=2\sin\dfrac{\pi}{3}\cos\alpha=\sqrt{3}\cos\alpha$．

(3) $(\sin\alpha-\cos\alpha)^2=\sin^2\alpha-2\sin\alpha\cos\alpha+\cos^2\alpha=1-\sin 2\alpha$．

(4) $\cos^4\beta-\sin^4\beta=(\cos^2\beta+\sin^2\beta)(\cos^2\beta-\sin^2\beta)=\cos 2\beta$．

3．已知 $\cos\alpha=\dfrac{12}{13}$，$\alpha\in(0,\dfrac{\pi}{2})$，求 $\sin(\alpha-\dfrac{\pi}{6})$，$\cos(\alpha-\dfrac{\pi}{6})$ 的值．

解答 因为 $\cos\alpha=\dfrac{12}{13}$，$\alpha\in(0,\dfrac{\pi}{2})$，所以

$$\sin\alpha=\sqrt{1-\cos^2\alpha}=\sqrt{1-(\dfrac{12}{13})^2}=\dfrac{5}{13},$$

故

$$\begin{aligned}\sin(\alpha-\dfrac{\pi}{6})&=\sin\alpha\cos\dfrac{\pi}{6}-\cos\alpha\sin\dfrac{\pi}{6}\\&=\dfrac{5}{13}\times\dfrac{\sqrt{3}}{2}-\dfrac{12}{13}\times\dfrac{1}{2}=\dfrac{5\sqrt{3}-12}{26},\end{aligned}$$

$$\begin{aligned}\cos(\alpha-\dfrac{\pi}{6})&=\cos\alpha\cos\dfrac{\pi}{6}+\sin\alpha\sin\dfrac{\pi}{6}\\&=\dfrac{12}{13}\times\dfrac{\sqrt{3}}{2}+\dfrac{5}{13}\times\dfrac{1}{2}=\dfrac{5+12\sqrt{3}}{26}.\end{aligned}$$

4. 已知 $\sin\alpha = -\dfrac{2}{3}$，$\alpha \in (\pi, \dfrac{3\pi}{2})$，$\cos\beta = \dfrac{3}{4}$，$\beta \in (\dfrac{3\pi}{2}, 2\pi)$，求 $\cos(\beta - \alpha)$ 的值.

解答 因为 $\sin\alpha = -\dfrac{2}{3}$，$\alpha \in (\pi, \dfrac{3\pi}{2})$，所以

$$\cos\alpha = -\sqrt{1-\sin^2\alpha} = -\sqrt{1-(-\dfrac{2}{3})^2} = -\dfrac{\sqrt{5}}{3},$$

又因为 $\cos\beta = \dfrac{3}{4}$，$\beta \in (\dfrac{3\pi}{2}, 2\pi)$，所以

$$\sin\beta = -\sqrt{1-\cos^2\beta} = -\sqrt{1-(\dfrac{3}{4})^2} = -\dfrac{\sqrt{7}}{4},$$

故

$$\begin{aligned}\cos(\beta - \alpha) &= \cos\beta\cos\alpha + \sin\beta\sin\alpha \\ &= \dfrac{3}{4} \times (-\dfrac{\sqrt{5}}{3}) + (-\dfrac{\sqrt{7}}{4}) \times (-\dfrac{2}{3}) \\ &= \dfrac{2\sqrt{7} - 3\sqrt{5}}{12}.\end{aligned}$$

5. 已知 $\cos(\alpha + \dfrac{\pi}{6}) = \dfrac{\sqrt{6}-\sqrt{2}}{4}$，$\alpha \in (0, \dfrac{\pi}{2})$，求 $\cos\alpha$ 的值.

解答 因为 $\alpha \in (0, \dfrac{\pi}{2})$，所以

$$\alpha + \dfrac{\pi}{6} \in (\dfrac{\pi}{6}, \dfrac{2\pi}{3}),$$

又因为 $\cos(\alpha + \dfrac{\pi}{6}) = \dfrac{\sqrt{6}-\sqrt{2}}{4}$，所以

$$\sin(\alpha + \dfrac{\pi}{6}) = \sqrt{1-\cos^2(\alpha + \dfrac{\pi}{6})} = \dfrac{\sqrt{6}+\sqrt{2}}{4},$$

故

$$\begin{aligned}\cos\alpha &= \cos[(\alpha + \dfrac{\pi}{6}) - \dfrac{\pi}{6}] \\ &= \cos(\alpha + \dfrac{\pi}{6})\cos\dfrac{\pi}{6} + \sin(\alpha + \dfrac{\pi}{6})\sin\dfrac{\pi}{6} \\ &= \dfrac{\sqrt{6}-\sqrt{2}}{4} \times \dfrac{\sqrt{3}}{2} + \dfrac{\sqrt{6}+\sqrt{2}}{4} \times \dfrac{1}{2} \\ &= \dfrac{\sqrt{2}}{2}.\end{aligned}$$

6. 已知 $\tan\alpha = \dfrac{1}{4}$，$\tan\beta = -1$，求 $\tan(\alpha+\beta)$，$\tan(\alpha-\beta)$ 的值.

解答 因为 $\tan\alpha = \dfrac{1}{4}$，$\tan\beta = -1$，所以

$$\tan(\alpha+\beta) = \dfrac{\tan\alpha+\tan\beta}{1-\tan\alpha\tan\beta} = \dfrac{\dfrac{1}{4}+(-1)}{1-\dfrac{1}{4}\times(-1)} = -\dfrac{3}{5},$$

$$\tan(\alpha-\beta) = \dfrac{\tan\alpha-\tan\beta}{1+\tan\alpha\tan\beta} = \dfrac{\dfrac{1}{4}-(-1)}{1+\dfrac{1}{4}\times(-1)} = \dfrac{5}{3}.$$

7. 已知 $\tan\alpha = \dfrac{1}{3}$，$\tan\beta = -2$，$\alpha \in (0,\dfrac{\pi}{2})$，$\beta \in (\dfrac{\pi}{2},\pi)$，求角 $\alpha+\beta$ 的大小.

解答 因为 $\tan\alpha = \dfrac{1}{3}$，$\tan\beta = -2$，所以

$$\tan(\alpha+\beta) = \dfrac{\tan\alpha+\tan\beta}{1-\tan\alpha\tan\beta} = \dfrac{\dfrac{1}{3}+(-2)}{1-\dfrac{1}{3}\times(-2)} = 1,$$

所以

$$\alpha+\beta = \dfrac{\pi}{4}+k\pi.$$

又因为 $\alpha \in (0,\dfrac{\pi}{2})$，$\beta \in (\dfrac{\pi}{2},\pi)$，

所以

$$\alpha+\beta = \dfrac{3\pi}{4}.$$

8. 已知 $\cos\alpha = -\dfrac{\sqrt{3}}{3}$，$\alpha \in (\pi,\dfrac{3\pi}{2})$，求 $\sin 2\alpha$，$\cos 2\alpha$ 的值.

解答 因为 $\cos\alpha = -\dfrac{\sqrt{3}}{3}$，$\alpha \in (\pi,\dfrac{3\pi}{2})$，所以

$$\sin\alpha = -\sqrt{1-\cos^2\alpha} = -\sqrt{1-(-\dfrac{\sqrt{3}}{3})^2} = -\dfrac{\sqrt{6}}{3},$$

所以

$$\sin 2\alpha = 2\sin\alpha\cos\alpha = 2\times(-\frac{\sqrt{3}}{3})\times(-\frac{\sqrt{6}}{3}) = \frac{2\sqrt{2}}{3},$$

$$\cos 2\alpha = \cos^2\alpha - \sin^2\alpha = (-\frac{\sqrt{6}}{3})^2 - (-\frac{\sqrt{3}}{3})^2 = \frac{1}{3}.$$

9. 已知 $\sin\frac{\alpha}{2} = \frac{3}{5}$，$\cos\frac{\alpha}{2} = -\frac{4}{5}$，试确定角 α 所在的象限.

解答 因为 $\sin\frac{\alpha}{2} = \frac{3}{5}$，$\cos\frac{\alpha}{2} = -\frac{4}{5}$，所以

$$\sin\alpha = 2\sin\frac{\alpha}{2}\cos\frac{\alpha}{2} = 2\times\frac{3}{5}\times\frac{4}{5} = \frac{24}{25},$$

$$\cos\alpha = \cos^2\frac{\alpha}{2} - \sin^2\frac{\alpha}{2} = (\frac{4}{5})^2 - (\frac{3}{5})^2 = \frac{7}{25},$$

所以角 α 是第一象限角.

【自我检测题】

检 测 题 1.1

1. 填空题

（1）$\cos 255°$ 的值为＿＿＿．

（2）已知 $\sin\alpha = \frac{\sqrt{5}}{5}$，$\alpha\in(0,\frac{\pi}{6})$，$\sin\beta = \frac{\sqrt{10}}{10}$，$\beta\in(0,\frac{\pi}{6})$，则 $\sin(\alpha-\beta) = $ ＿＿＿．

（3）在 $\triangle ABC$ 中，$\cos A = \frac{12}{13}$，$\sin B = \frac{3}{5}$，则 $\sin C$ 的值为＿＿＿．

（4）已知 $\alpha + \beta = \frac{\pi}{3}$，则 $\tan\alpha + \tan\beta + \sqrt{3}\tan\alpha\tan\beta$ 的值为＿＿＿．

（5）已知 $\sin\alpha + \cos\alpha = \frac{\sqrt{3}}{2}$，则 $\sin 2\alpha = $ ＿＿＿．

（6）已知 $\alpha\in(\frac{5\pi}{2}, 3\pi)$，则 $\sqrt{1+\cos\alpha} + \sqrt{1-\cos\alpha} = $ ＿＿＿．

2. 选择题

（1）满足 $\cos\alpha\cos\beta = \frac{\sqrt{3}}{2} + \sin\alpha\sin\beta$ 的一组 α，β 的值为（　　）．

A. $\alpha=\dfrac{\pi}{2}$，$\beta=\dfrac{\pi}{6}$ B. $\alpha=\dfrac{\pi}{2}$，$\beta=\dfrac{\pi}{3}$

C. $\alpha=\dfrac{\pi}{3}$，$\beta=\dfrac{\pi}{6}$ D. $\alpha=\dfrac{13\pi}{12}$，$\beta=\dfrac{3\pi}{4}$

（2）已知 $\tan\alpha=2$，$\tan(\beta-\alpha)=3$，则 $\tan(\beta-2\alpha)$ 的值为（　　）.

A. -1 B. $-\dfrac{1}{5}$

C. $\dfrac{5}{7}$ D. $\dfrac{1}{7}$

（3）化简：$\cos^2\left(\dfrac{\pi}{4}-\alpha\right)-\sin^2\left(\dfrac{\pi}{4}-\alpha\right)=$（　　）.

A. $\sin 2\alpha$ B. $\cos 2\alpha$

C. $-\sin 2\alpha$ D. $-\cos 2\alpha$

（4）已知 $\sin\dfrac{\alpha}{2}=-\dfrac{3}{5}$，$\cos\dfrac{\alpha}{2}=-\dfrac{4}{5}$，则角 α 是（　　）.

A. 第一象限角 B. 第二象限角

C. 第三象限角 D. 第四象限角

3．计算下列各式的值.

（1）$\sin 13°\cos 343°+\sin 77°\sin 17°$；　　（2）$\cos 75°\cos 15°+\sin 255°\sin 15°$；

（3）$\dfrac{1+\tan 75°}{1-\tan 75°}$；　　（4）$\sin\dfrac{\pi}{8}\cos\dfrac{\pi}{8}$.

4．化简下列各式．

（1）$\cos(\dfrac{\pi}{6}-\alpha)-\sin(\dfrac{\pi}{3}-\alpha)$；

（2）$\sin(\alpha-\beta)\cos\alpha-\cos(\alpha-\beta)\sin\alpha$；

（3）$\cos^4\dfrac{\pi}{12}-\sin^4\dfrac{\pi}{12}$；

（4）$\dfrac{4\sin^2\alpha}{1-\cos 2\alpha}$．

5．已知 $\cos\alpha=-\dfrac{2}{3}$，$\alpha\in(\dfrac{\pi}{2},\pi)$，求 $\cos(\dfrac{\pi}{6}+\alpha)$，$\sin(\dfrac{\pi}{3}-\alpha)$ 的值．

6．已知 $\sin\alpha=\dfrac{4}{5}$，$\alpha\in(0,\dfrac{\pi}{2})$，$\cos\beta=\dfrac{12}{13}$，$\beta\in(0,\dfrac{\pi}{2})$，求 $\sin(\alpha+\beta)$，$\cos(\alpha+\beta)$ 的值．

7. 已知 $\tan(\alpha+\beta)=3$，$\tan(\alpha-\beta)=5$，求 $\tan 2\alpha$，$\tan 2\beta$ 的值.

8. 已知 $\sin(\alpha+\beta)=\dfrac{2}{3}$，$\sin(\alpha-\beta)=\dfrac{2}{5}$，求 $\dfrac{\tan\alpha}{\tan\beta}$ 的值.

9. 已知 $\cos\alpha=-\dfrac{5}{13}$，$\alpha\in(\dfrac{\pi}{2},\pi)$，求 $\sin 2\alpha$，$\cos 2\alpha$，$\tan 2\alpha$ 的值.

10. 已知 $\cos\alpha=\dfrac{12}{13}$，$\alpha\in(\dfrac{3\pi}{2},2\pi)$，求 $(\sin\dfrac{\alpha}{2}-\cos\dfrac{\alpha}{2})^2$ 的值.

11. 已知 $\tan(\alpha-\beta)=\dfrac{1}{2}$，$\tan\beta=-\dfrac{1}{7}$，$\alpha\in(0,\pi)$，$\beta\in(0,\pi)$，求角 $2\alpha-\beta$ 的大小.

1.2 正弦型函数

【重点与难点辅导】

1. 形如 $y=A\sin(\omega x+\varphi)$ 的函数被称为正弦型函数，其图像叫做正弦型曲线.

2. 正弦型函数 $y=A\sin(\omega x+\varphi)(A>0，\omega>0)$ 的定义域为 **R**，最小正周期为 2π，最大值为 A，最小值为 $-A$.

3. 对于正弦型函数 $y=A\sin(\omega x+\varphi)$（其中 A，ω，φ 是常数），A 称为振幅，$\omega x+\varphi$ 称为相位，φ 称为初相，$T=\dfrac{2\pi}{\omega}$ 为周期，$f=\dfrac{1}{T}$ 称为频率.

4. 函数 $y=A\sin(\omega x+\varphi)(A>0，\omega>0)$ 的图像可以通过"五点法"得到.

【教材习题解析】

习 题 1.2

1. 求下列函数的周期.

（1）$y=\sin(3x+\dfrac{\pi}{3})$；　　　　　　　　（2）$y=\sin(\dfrac{1}{2}x-\dfrac{\pi}{3})$；

（3） $y = \cos 2x + \sin 2x$ ；　　　　　　（4） $y = \sqrt{3}\cos x + \sin x$.

解答　（1） $\dfrac{2\pi}{3}$；　（2） 4π；　（3） π；　（4） 2π .

2．指出当 x 为何值时，下列函数取得最大值和最小值．

（1） $y = 4\sin(\dfrac{1}{3}x + \dfrac{3\pi}{4})$ ；　　　　　　（2） $y = \dfrac{1}{2}\sin(3x - \dfrac{\pi}{4})$.

解答　（1）令 $z = \dfrac{1}{3}x + \dfrac{3\pi}{4}$，则 $x = 3z - \dfrac{9\pi}{4}$.

当 $z = \dfrac{\pi}{2} + 2k\pi$，即 $x = -\dfrac{3\pi}{4} + 6k\pi$ 时，函数 $y = 4\sin z$ 有最大值 4 .

当 $z = \dfrac{3\pi}{2} + 2k\pi$，即 $x = \dfrac{9\pi}{4} + 6k\pi$ 时，函数 $y = 4\sin z$ 有最小值 -4 .

由此可知，当 $x = -\dfrac{3\pi}{4} + 6k\pi\,(k \in \mathbf{Z})$ 时，函数 $y = 4\sin(\dfrac{1}{3}x + \dfrac{3\pi}{4})$ 取得最大值 4，当 $x = \dfrac{9\pi}{4} + 6k\pi\,(k \in \mathbf{Z})$ 时，函数 $y = 4\sin(\dfrac{1}{3}x + \dfrac{3\pi}{4})$ 取得最小值 -4 .

（2）令 $z = 3x - \dfrac{\pi}{4}$，则 $x = \dfrac{z}{3} + \dfrac{\pi}{12}$.

当 $z = \dfrac{\pi}{2} + 2k\pi$，即 $x = \dfrac{\pi}{4} + \dfrac{2}{3}k\pi$ 时，函数 $y = \dfrac{1}{2}\sin z$ 有最大值 $\dfrac{1}{2}$.

当 $z = \dfrac{3\pi}{2} + 2k\pi$，即 $x = \dfrac{7\pi}{12} + \dfrac{2}{3}k\pi$ 时，函数 $y = \dfrac{1}{2}\sin z$ 有最小值 $-\dfrac{1}{2}$.

由此可知，当 $x = \dfrac{\pi}{4} + \dfrac{2}{3}k\pi\,(k \in \mathbf{Z})$ 时，函数 $y = \dfrac{1}{2}\sin(3x - \dfrac{\pi}{4})$ 取得最大值 $\dfrac{1}{2}$，当 $x = \dfrac{7\pi}{12} + \dfrac{2}{3}k\pi\,(k \in \mathbf{Z})$ 时，函数 $y = \dfrac{1}{2}\sin(3x - \dfrac{\pi}{4})$ 取得最小值 $-\dfrac{1}{2}$.

3．利用"五点法"作出下列函数在一个周期内的图像，并指出振幅、周期和初相．

（1） $y = 3\sin(\dfrac{1}{2}x + \dfrac{\pi}{6})$ ；　　　　　　（2） $y = 3\sin(2x - \dfrac{\pi}{6})$.

解答　（1）按五个关键点列表求值，如表 1-1 所示．

表 1-1

$\frac{1}{2}x+\frac{\pi}{6}$	0	$\frac{\pi}{2}$	π	$\frac{3\pi}{2}$	2π
x	$-\frac{\pi}{3}$	$\frac{2\pi}{3}$	$\frac{5\pi}{3}$	$\frac{8\pi}{3}$	$\frac{11\pi}{3}$
$y=3\sin(\frac{1}{2}x+\frac{\pi}{6})$	0	3	0	-3	0

描点连线，得到函数 $y=3\sin(\frac{1}{2}x+\frac{\pi}{6})$ 在一个周期内的图像，如图 1-1 所示.

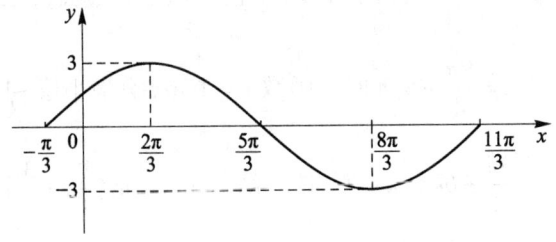

图 1-1

函数 $y=3\sin(\frac{1}{2}x+\frac{\pi}{6})$ 的振幅为 3，周期 $T=\frac{11\pi}{3}-(-\frac{\pi}{3})=4\pi$，初相为 $\frac{\pi}{6}$.

（2）按五个关键点列表求值，如表 1-2 所示.

表 1-2

$2x-\frac{\pi}{6}$	0	$\frac{\pi}{2}$	π	$\frac{3\pi}{2}$	2π
x	$\frac{\pi}{12}$	$\frac{\pi}{3}$	$\frac{7\pi}{12}$	$\frac{5\pi}{6}$	$\frac{13\pi}{12}$
$y=3\sin(2x-\frac{\pi}{6})$	0	3	0	-3	0

描点连线，得到函数 $y=3\sin(2x-\frac{\pi}{6})$ 在一个周期内的图像，如图 1-2 所示.

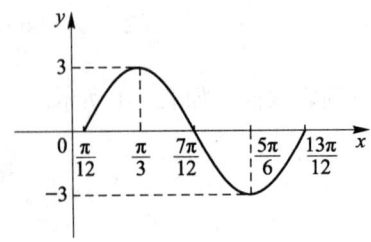

图 1-2

函数 $y = 3\sin(2x - \dfrac{\pi}{6})$ 的振幅为 3，周期 $T = \dfrac{13\pi}{12} - \dfrac{\pi}{12} = \pi$，初相为 $-\dfrac{\pi}{6}$.

4．已知一个周期的正弦型曲线如图 1-3 所示，求函数的解析式.

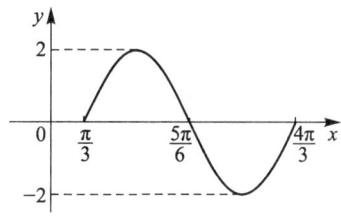

图 1-3

解答　设函数解析式为
$$y = A\sin(\omega x + \varphi)(A > 0，\omega > 0，0 \leqslant \varphi < 2\pi).$$

由图 1-3 可知，$A = 2$.

因 $T = \dfrac{4\pi}{3} - \dfrac{\pi}{3} = \pi$，又 $T = \dfrac{2\pi}{\omega}$，所以 $\omega = 2$，即 $y = 2\sin(2x + \varphi)$.

当 $x = \dfrac{\pi}{3}$ 时，$y = 2\sin(\dfrac{2\pi}{3} + \varphi) = 0$，解得 $\varphi = -\dfrac{2\pi}{3} + 2k\pi$，又 $0 \leqslant \varphi < 2\pi$，所以 $\varphi = \dfrac{4\pi}{3}$.

因此，函数解析式为 $y = 2\sin(2x + \dfrac{4\pi}{3})$，即 $y = -2\sin(2x + \dfrac{\pi}{3})$，$x \in [\dfrac{\pi}{3}, \dfrac{4\pi}{3}]$.

5．在图 1-4 中，点 O 为做简谐运动的物体的平衡位置，取向右的方向为物体位移的正方向．已知简谐运动的振幅为 3 cm，周期为 3 s，且物体向右运动到最大距离 3 cm 时开始计时．

（1）求物体相对于平衡位置的位移 x(cm) 和时间 t(s) 之间的函数解析式；

（2）求该物体在 $t = 5$ s 时的位置.

图 1-4

解答　（1）设 x 和 t 之间的函数解析式为
$$x = A\sin(\omega t + \varphi)(A > 0，\omega > 0，0 \leqslant \varphi < 2\pi).$$

由题意知 $A = 3$；$T = \dfrac{2\pi}{\omega} = 3$，即 $\omega = \dfrac{2\pi}{3}$；当 $t = 0$ 时，$x = 3\sin\varphi = 3$，即 $\sin\varphi = 1$，又

因为 $0 \leqslant \varphi < 2\pi$，所以 $\varphi = \dfrac{\pi}{2}$.

因此，函数解析式为 $x = 3\sin(\dfrac{2\pi}{3}t + \dfrac{\pi}{2})$，即 $x = 3\cos\dfrac{2\pi}{3}t\,(t \geqslant 0)$.

（2）令 $t = 5$，得

$$x = 3\cos\dfrac{10\pi}{3} = 1.5 .$$

故该物体在 $t = 5\,\text{s}$ 时的位置是在点 O 的左侧，与点 O 的距离为 $1.5\,\text{m}$ 处.

【自我检测题】

检 测 题 1.2

1．填空题

（1）函数 $y = 3\sin(x + \dfrac{\pi}{4})$ 的振幅为_____，初相为_____．

（2）单摆从某点开始来回摆动，它离开平衡位置的距离 $x(\text{cm})$ 和时间 $t(\text{s})$ 的函数关系式为 $x = 4\sin(\dfrac{\pi}{3}t + \dfrac{\pi}{6})$，则单摆摆动的振幅为_____，周期为_____，频率为_____，初相为_____，当 $t = \dfrac{1}{2}$ 时的相位为_____．

（3）函数 $y = \dfrac{1}{2}\sin(\dfrac{2x}{3} - \dfrac{\pi}{4})$ 的周期 $T = $ _____，当 $x = \dfrac{3\pi}{2}$ 时，$y = $ _____；当 $x = \dfrac{3\pi}{8}$ 时，$y = $ _____．

2．选择题

（1）下列函数中，最小正周期为 π 的函数为（　　）．

  A．$y = 2\sin x$ B．$y = \sin 2x$ C．$y = \sin\dfrac{1}{2}x$ D．$y = \dfrac{1}{2}\sin x$

（2）函数 $y = \dfrac{1}{2}\sin 2x + \dfrac{\sqrt{3}}{2}\cos 2x$ 的初相为（　　）．

  A．$\dfrac{\pi}{6}$ B．$\dfrac{\pi}{4}$ C．$\dfrac{\pi}{3}$ D．$\dfrac{\pi}{2}$

3．指出下列函数的振幅、周期、初相及当 $x = \pi$ 时的相位.

（1） $y = 2\sin(3x + \dfrac{\pi}{4})$；

（2） $y = \dfrac{1}{2}\sin(2x - \dfrac{\pi}{6})$.

4．利用"五点法"作出函数 $y = 2\sin(\dfrac{x}{4} - \dfrac{\pi}{3})$ 一个周期内的图像，并求出这个函数的周期、最大值和最小值.

5．已知函数 $y = 3\sin(\dfrac{x}{2} + \dfrac{\pi}{6})$.

（1）利用"五点法"作出函数 $y = 3\sin(\dfrac{x}{2} + \dfrac{\pi}{6})$ 在区间 $[0, 2\pi]$ 上的图像；

（2）写出函数在区间$[0,2\pi]$上的值域；

（3）写出函数在区间$[0,2\pi]$上的单调区间．

6．已知函数$y=A\sin(\omega x+\varphi)$ $(A>0，\omega>0，|\varphi|<\dfrac{\pi}{2})$的最小值为$-2$，其图像最高点与最低点横坐标之差是$3\pi$，且图像经过点$(0,1)$，求函数解析式．

7．交流电的电流强度i（A）与时间t（s）的关系满足函数解析式$i=5\sin(100\pi t+\dfrac{\pi}{3})$，$t\in[0,+\infty)$．

（1）求电流强度i变化的周期、频率、振幅及初相；

（2）当 $t = 0$，$\dfrac{1}{60}$，$\dfrac{1}{600}$ 时，求电流 i.

1.3　正弦定理与余弦定理

【重点与难点辅导】

1．正弦定理：在一个三角形中，各边和它所对角的正弦的比相等，即
$$\dfrac{a}{\sin A} = \dfrac{b}{\sin B} = \dfrac{c}{\sin C}.$$

2．一般地，把三角形的三个角 $\angle A$，$\angle B$，$\angle C$ 和它们的对边 a，b，c 叫做三角形的元素．已知三角形的几个元素，求其他元素的过程叫做解三角形．

3．应用正弦定理可以解决以下两类解三角形的问题：

（1）已知三角形的任意两个角和一条边，求其他两边和第三角；

（2）已知三角形的两边和其中一边的对角，求其他两角和第三边．

4．余弦定理：三角形任意一边的平方等于其他两边的平方和减去这两边与它们夹角余弦的积的二倍，即

$$\begin{cases} a^2 = b^2 + c^2 - 2bc\cos A \\ b^2 = a^2 + c^2 - 2ac\cos B \\ c^2 = a^2 + b^2 - 2ab\cos C \end{cases}.$$

5．由余弦定理可以得到余弦定理推论：

$$\begin{cases} \cos A = \dfrac{b^2 + c^2 - a^2}{2bc} \\ \cos B = \dfrac{a^2 + c^2 - b^2}{2ac} \\ \cos C = \dfrac{a^2 + b^2 - c^2}{2ab} \end{cases}.$$

6. 应用余弦定理及其推论，可以解决以下两类解三角形的问题：

（1）已知三角形的两边及其夹角，求第三边和其他两角；

（2）已知三角形的三边，求三个角．

7. 应用正、余弦定理解决实际问题的步骤：

① 理解题意，画出示意图；

② 把已知量与求解量尽量集中在一个三角形中，建立解三角形的数学模型；

③ 应用正、余弦定理，通过有序的解三角形，求出数学模型的解；

④ 检验所有的解是否符合实际意义，从而得到实际问题的解．

【教材习题解析】

习 题 1.3

1. 在$\triangle ABC$中，已知下列条件，解三角形．（边长精确到0.1，角度精确到$1°$）

（1）$c=10$，$\angle A=45°$，$\angle B=105°$；

（2）$b=39$，$c=54$，$\angle C=115°$；

（3）$b=4$，$c=7$，$\angle A=60°$；

（4）$a=9$，$b=10$，$c=15$．

解答 （1）因为$\angle A=45°$，$\angle B=105°$，所以

$$\angle C=180°-(\angle A+\angle B)=30°.$$

由正弦定理得

$$a=\frac{c\sin A}{\sin C}=\frac{10\sin 45°}{\sin 30°}\approx 14.1,$$

$$b=\frac{c\sin B}{\sin C}=\frac{10\sin 105°}{\sin 30°}=\frac{10\sin 75°}{\sin 30°}\approx 19.3.$$

（2）由正弦定理得

$$\sin B=\frac{b\sin C}{c}=\frac{39\sin 115°}{54}=0.6546,$$

则

$$\angle B\approx 41°\text{ 或 }\angle B\approx 139°\text{（舍）},$$
$$\angle A=24°.$$

由正弦定理得

$$a = \frac{c \sin A}{\sin C} = \frac{54 \sin 24°}{\sin 115°} \approx 24.2.$$

（3）由余弦定理得

$$\begin{aligned}a^2 &= b^2 + c^2 - 2bc \cos A \\ &= 4^2 + 7^2 - 2 \times 4 \times 7 \times \frac{1}{2} \\ &= 37,\end{aligned}$$

解得

$$a \approx 6.1 \text{ 或 } a \approx -6.1 \text{（舍）}.$$

因为

$$\cos C = \frac{a^2 + b^2 - c^2}{2ab} = \frac{6.1^2 + 4^2 - 7^2}{2 \times 6.1 \times 4} \approx 0.086\,3,$$

所以

$$\angle C \approx 85°,$$
$$\angle B = 180° - (\angle A + \angle C) = 180° - (60° + 85°) = 35°.$$

（4）由余弦定理得

$$\cos A = \frac{b^2 + c^2 - a^2}{2bc} = \frac{10^2 + 15^2 - 9^2}{2 \times 10 \times 15} \approx 0.813\,3,$$

$$\cos B = \frac{a^2 + c^2 - b^2}{2ac} = \frac{9^2 + 15^2 - 10^2}{2 \times 9 \times 15} \approx 0.763\,0,$$

$$\cos C = \frac{a^2 + b^2 - c^2}{2ab} = \frac{9^2 + 10^2 - 15^2}{2 \times 9 \times 10} \approx -0.244\,4,$$

所以

$$\angle A \approx 36°, \quad \angle B \approx 40°, \quad \angle C \approx 104°.$$

2. 在 $\triangle ABC$ 中，已知 $a^2 + b^2 + ab = c^2$，求 $\angle C$ 的度数．

解答 由余弦定理得

$$\cos C = \frac{a^2 + b^2 - c^2}{2ab},$$

又 $a^2 + b^2 + ab = c^2$，所以

$$a^2 + b^2 - c^2 = -ab,$$

故

$$\cos C = \frac{a^2 + b^2 - c^2}{2ab} = -\frac{ab}{2ab} = -\frac{1}{2},$$

即
$$\angle C = 120°.$$

3．某地出土一块类似三角形的古代玉佩，其一角已破损，如图 1-5 所示．现测得如下数据：$BC = 2.57 \text{ cm}$，$\angle B = 45°$，$\angle C = 120°$．为了复原玉佩，求原玉佩两边的长．（精确到 0.01 cm）

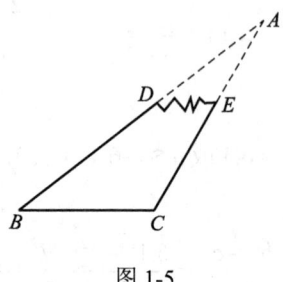

图 1-5

解答 如图 1-5 所示，延长 BD，CE 交于点 A，在 $\triangle ABC$ 中，$BC = 2.57 \text{ cm}$，$\angle B = 45°$，$\angle C = 120°$，$\angle A = 180° - (\angle B + \angle C) = 15°$．

因为
$$\frac{BC}{\sin A} = \frac{AC}{\sin B},$$

所以
$$AC = \frac{BC \sin B}{\sin A} = \frac{2.57 \sin 45°}{\sin 15°} \approx 7.02 \text{ (cm)}.$$

同理，$AB \approx 8.60 \text{ (cm)}$．

因此，原玉佩两边的长分别为 7.02 cm，8.60 cm．

4．如图 1-6 所示，两灯塔 A，B 与海洋观察站 C 的距离都等于 a km，灯塔 A 在观察站 C 的北偏东 $25°$，灯塔 B 在观察站 C 南偏东 $35°$，求灯塔 A，B 之间的距离．

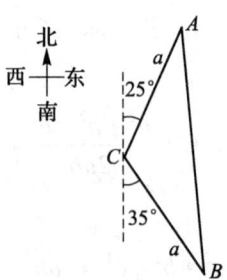

图 1-6

解答 由题意可知，$AC = BC = a$ km，$\angle ACB = 180° - (25° + 35°) = 120°$．

由余弦定理得

$$AB^2 = AC^2 + BC^2 - 2AC \cdot BC \cdot \cos ACB$$
$$= a^2 + a^2 - 2a^2 \times \left(-\frac{1}{2}\right)$$
$$= 3a^2,$$

所以 $AB = \sqrt{3}a$ km，即灯塔 A，B 之间的距离为 $\sqrt{3}a$ km．

5．如图 1-7 所示，要在一条河上建一座桥，施工前在河两岸打上两个桥桩 A，B．为了测出 A，B 两点间的距离，测量人员在岸边定出基线 BC，测得 $BC = 55$ m，$\angle B = 51°$，$\angle C = 75°$，试计算 A，B 两个桥桩间的距离．（精确到 0.01 m）

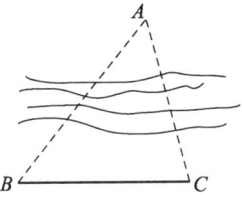

图 1-7

解答 在 $\triangle ABC$ 中，由正弦定理得

$$\frac{AB}{\sin C} = \frac{BC}{\sin A},$$

又因为

$$\angle A = 180° - (\angle B + \angle C) = 180° - (51° + 75°) = 54°,$$

所以

$$AB = \frac{BC \sin C}{\sin A} = \frac{55 \sin 75°}{\sin 54°} \approx 65.67 \text{ (m)}.$$

因此，A，B 两点间的距离约为 65.67 m．

6．如图 1-8 所示，从 A 点和 B 点分别测得东方明珠电视塔顶 C 的仰角为 $38.3°$ 和 $50°$，$AB = 200$ m，求东方明珠电视塔的高度．（精确到 1 m）

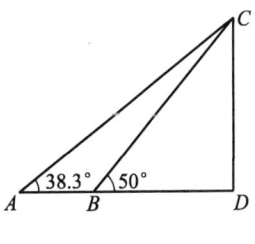

图 1-8

解答 因为 $\angle CAD = 38.3°$，$\angle CBD = 50°$，所以 $\angle ACB = 11.7°$.

在 $\triangle ABC$ 中，

$$BC = \frac{AB\sin\angle CAD}{\sin ACB} = \frac{200\sin 38.3°}{\sin 11.7°} \approx 611.26 \text{ (m)}.$$

在 $\triangle BCD$ 中，

$$CD = \frac{BC\sin\angle CBD}{\sin CDB} = \frac{611.26\sin 50°}{\sin 90°} \approx 468 \text{ (m)}.$$

因此，东方明珠电视塔的高度约为 468 m.

7. 已知作用于点 O 的两个力 F_1 和 F_2 的大小分别是 100 N 和 150 N，夹角为 45°，如图 1-9 所示．求这两个力的合力 F 的大小和方向．（力精确到 1 N，角度精确到 1°）

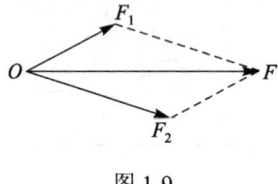

图 1-9

解答 由平行四边形法则可知，$|\overrightarrow{OF_1}|=100$ N，$|\overrightarrow{OF_2}|=150$ N，$\angle F_1OF_2=45°$，$\angle OF_1F=135°$.

在 $\triangle OF_1F$ 中，由余弦定理得

$$|\overrightarrow{OF}| = \sqrt{|\overrightarrow{OF_1}|^2+|\overrightarrow{F_1F}|^2-2|\overrightarrow{OF_1}|\cdot|\overrightarrow{F_1F}|\cdot\cos OF_1F}$$

$$= \sqrt{100^2+150^2-2\times100\times150\times(-\frac{\sqrt{2}}{2})}$$

$$\approx 232 \text{ (N)}.$$

在 $\triangle OF_1F$ 中，由正弦定理得

$$\sin\angle F_1OF = \frac{|\overrightarrow{F_1F}|\sin\angle OF_1F}{|\overrightarrow{OF}|} = \frac{150\sin 135°}{232} \approx 0.457\,2,$$

所以

$$\angle F_1OF \approx 27°.$$

因此，这两个力的合力 F 的大小约为 232 N，力 F_1 与合力 F 的夹角约为 27°.

8. 一艘海轮从海岛 A 出发，沿北偏东 75° 的方向航行 67.5 km 后到达海岛 B，然后从海岛 B 出发，沿北偏东 32° 的方向航行 54.0 km 后到达海岛 C，如图 1-10 所示．如果下

次航行直接从海岛 A 出发去往海岛 C，此船应该沿怎样的方向航行，需要航行多少距离？（角度精确到 $1°$，距离精确到 $0.01\ \text{km}$）

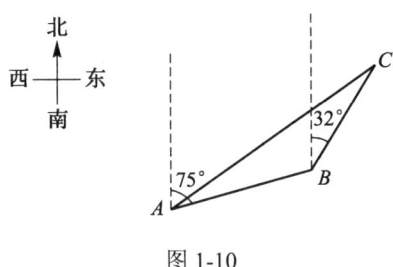

图 1-10

解答 由题意可知，
$$\angle ABC = 180° - 75° + 32° = 137°.$$

由余弦定理得
$$\begin{aligned} AC &= \sqrt{AB^2 + BC^2 - 2AB \cdot BC \cdot \cos\angle ABC} \\ &= \sqrt{67.5^2 + 54.0^2 - 2 \times 67.5 \times 54.0 \times \cos 137°} \\ &\approx 113.15\ (\text{km}). \end{aligned}$$

由正弦定理得
$$\frac{BC}{\sin\angle CAB} = \frac{AC}{\sin\angle ABC},$$

即
$$\sin\angle CAB = \frac{BC\sin\angle ABC}{AC} = \frac{54.0\sin 137°}{113.15} \approx 0.325\,5,$$

所以
$$\angle CAB \approx 19°,$$
$$75° - 19° = 56°.$$

因此，如果下次航行直接从海岛 A 出发去往海岛 C，此船应该沿北偏东 $56°$ 的方向航行 $113.15\ \text{km}$.

【自我检测题】

检 测 题 1.3

1. 填空题

（1）在 $\triangle ABC$ 中，已知 $a = 6$，$\angle B = 30°$，$\angle C = 90°$，则 $c - b =$ _____．

(2) 在 $\triangle ABC$ 中，已知 $a = c = \sqrt{2} + \sqrt{6}$，$\angle A = 75°$，则 $b = $ _____．

(3) 在 $\triangle ABC$ 中，已知 $AB = \sqrt{5}$，$AC = 5$，$\cos C = \dfrac{\sqrt{5}}{10}$，则 $BC = $ _____．

(4) 在 $\triangle ABC$ 中，已知 $a = 9$，$b = 15$，$c = 21$，则 $\angle A = $ _____．

2．选择题

(1) 在 $\triangle ABC$ 中，已知 $a = 4\sqrt{3}$，$b = 4\sqrt{2}$，$\angle A = 60°$，则 $\angle B = ($ _____ $)$．

    A．$45°$ 或 $135°$ B．$135°$ C．$45°$ D．以上答案都不对

(2) 在 $\triangle ABC$ 中，已知 $a = 10$，$\angle A = 60°$，$\angle B = 75°$，则 $c = ($ _____ $)$．

    A．$5\sqrt{2}$ B．$10\sqrt{2}$ C．$\dfrac{10\sqrt{6}}{3}$ D．$5\sqrt{6}$

(3) 在 $\triangle ABC$ 中，已知 $a = \sqrt{3}$，$b = 1$，$\angle A = \dfrac{\pi}{3}$，则 $c = ($ _____ $)$．

    A．1 B．2 C．$\sqrt{3} - 1$ D．$\sqrt{3}$

(4) 在 $\triangle ABC$ 中，已知 $a^2 + b^2 - c^2 = \sqrt{3}ab$，则 $\angle C$ 的大小为（ _____ ）．

    A．$30°$ B．$60°$ C．$90°$ D．$120°$

(5) 在 $\triangle ABC$ 中，已知 $a = 7$，$b = 5$，$c = 3$，则 $\triangle ABC$ 是（ _____ ）．

    A．锐角三角形   B．直角三角形

    C．钝角三角形   D．等腰三角形

(6) 某人朝正东方向走 x km 后，向右转 $150°$，然后朝新方向走 3 km，结果他离出发点恰好 $\sqrt{3}$ km，那么 x 的值为（ _____ ）．

    A．3 B．$\sqrt{3}$ C．$2\sqrt{3}$ D．$\sqrt{3}$ 或 $2\sqrt{3}$

3．在 $\triangle ABC$ 中，已知 $a = \sqrt{3}$，$b = 1$，$\angle A = 2\angle B$，求 $\sin A$ 的值．

4．在 $\triangle ABC$ 中，已知 $(a+b-c)(a+b+c) = ab$，求 $\angle C$ 的大小．

5. 已知 $\triangle ABC$ 的三个内角满足 $\sin A : \sin B : \sin C = 1 : 2 : 4$，且 $abc = 24\sqrt{3}$，求 $\triangle ABC$ 的三边长.

6. 在 $\triangle ABC$ 中，已知 $a = 2$，$c = 3$，$\cos B = \dfrac{1}{4}$．

（1）求 b 的值；

（2）求 $\sin C$ 的值．

7. 如图 1-11 所示，河对面有两个工厂 A，B，但不能到达，为测出工厂 A，B 间的距离，在岸边取相距 $\sqrt{3}$ km 的 C，D 两点，并测得 $\angle ACB = 75°$，$\angle BCD = 45°$，$\angle ADC = 30°$，$\angle ADB = 45°$（A，B，C，D 在同一平面内），求工厂 A，B 间的距离．

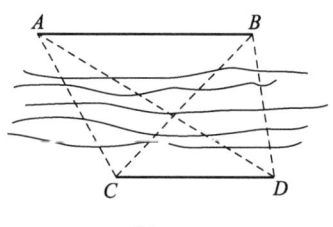

图 1-11

8. 如图 1-12 所示，海中 A，B 两个海岛的距离为 50 n mile，从 A 岛望 C 岛和 B 岛所成的视角为 $75°$，从 B 岛望 C 岛和 A 岛所成的视角为 $45°$，求 B，C 两岛间的距离．（精确到 0.01 n mile）．

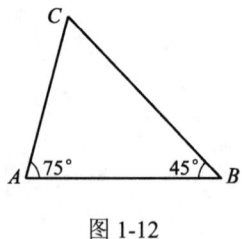

图 1-12

9. 如图 1-13 所示，从 A，B 两点测得某塔塔顶的仰角分别为 $30°$ 和 $60°$，$AB = 150$ m，且 A，B 两点与该塔在同一条直线上，求这个塔的高度．（精确到 1 m）

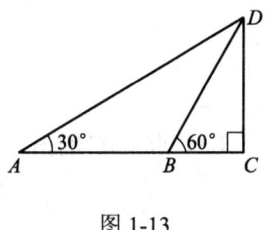

图 1-13

10. 如图 1-14 所示，一船以 15 km/h 的速度向东航行，船在 A 处看到灯塔 B 在北偏东 $60°$ 方向，继续航行 4 h 后，船到达 C 处，看到灯塔 B 在北偏东 $15°$ 方向，求这时船与灯塔之间的距离．（精确到 0.01 km）

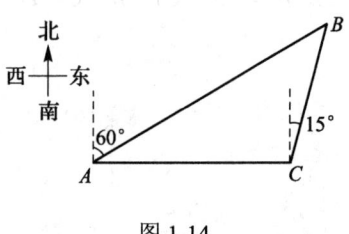

图 1-14

教材复习题解析

复习题 1

1. 填空题

（1） $\sin 54°\cos 66° + \cos 54°\sin 66° = \underline{\quad}$.

（2）已知 $\cos\alpha = -\dfrac{4}{5}$，$\alpha \in (\dfrac{\pi}{2}, \pi)$，则 $\cos(\dfrac{\pi}{2}+\alpha) = \underline{\quad}$.

（3）已知 $\sin\alpha + \cos\alpha = \dfrac{1}{3}$，则 $\sin 2\alpha = \underline{\quad}$.

（4）已知 $\cos\alpha = \dfrac{4}{5}$，$\alpha \in (-\dfrac{\pi}{2}, 0)$，则 $\tan 2\alpha = \underline{\quad}$.

（5）用"五点法"作图时，正弦型函数 $y = 2\sin(3x+\dfrac{\pi}{4})$ 一个周期内图像对应的五个关键点分别为 $\underline{\quad}$.

（6）在 $\triangle ABC$ 中，已知 $b = 2a\sin B$，则 $\angle A = \underline{\quad}$.

（7）在 $\triangle ABC$ 中，已知 $a = 9$，$b = 10$，$c = 12$，则 $\angle C = \underline{\quad}$.

解答 （1）$\dfrac{\sqrt{3}}{2}$； （2）$-\dfrac{3}{5}$； （3）$5\sqrt{3}-8$； （4）$-\dfrac{24}{7}$； （5）$(-\dfrac{\pi}{12}, 0)$，$(\dfrac{\pi}{12}, 2)$，$(\dfrac{\pi}{4}, 0)$，$(\dfrac{5\pi}{12}, -2)$，$(\dfrac{7\pi}{12}, 0)$； （6）$30°$ 或 $150°$； （7）$78°$.

2. 选择题

（1）已知 $\sin\alpha = \dfrac{\sqrt{5}}{5}$，$\alpha \in (0, \dfrac{\pi}{6})$，则 $\tan(\dfrac{\pi}{3}+\alpha) = $ （　　）.

　A. $\dfrac{\sqrt{2}}{10}$ 　　　　　　　　B. $-\dfrac{\sqrt{2}}{10}$

　C. $\dfrac{\sqrt{2}}{5}$ 　　　　　　　　D. $-\dfrac{\sqrt{2}}{5}$

（2）如果 x 是锐角，那么 $\sin x + \cos x$ 的取值范围是（　　）.

　A. $[1, \sqrt{2}]$ 　　　　　　　　B. $[-\sqrt{2}, -1]$

　C. $[0, 1]$ 　　　　　　　　D. $[0, -1]$

(3) 已知 $\sin\dfrac{\alpha}{2}=-\dfrac{7}{25}$，$\cos\dfrac{\alpha}{2}=-\dfrac{24}{25}$，则角 α 是（　　）.

  A．第一象限角 B．第二象限角 C．第三象限角 D．第四象限角

(4) 已知 $\cos 2\alpha=\dfrac{\sqrt{2}}{3}$，则 $\sin^4\alpha+\cos^4\alpha=$（　　）.

  A．$\dfrac{13}{18}$ B．$\dfrac{11}{18}$ C．$\dfrac{7}{9}$ D．-1

(5) 在函数 $y=\sin\left(2x+\dfrac{\pi}{3}\right)$，$y=\cos\left(2x+\dfrac{\pi}{3}\right)$，$y=\sin|x|$，$y=|\sin x|$ 中，最小正周期为 π 的函数的个数为（　　）.

  A．1 个   B．2 个   C．3 个   D．4 个

(6) 函数 $y=2\sin\left(5x-\dfrac{\pi}{4}\right)$ 的频率和初相分别为（　　）.

  A．$\dfrac{2\pi}{5}$ 和 $\dfrac{\pi}{4}$ B．$\dfrac{5\pi}{2}$ 和 $-\dfrac{\pi}{4}$ C．$\dfrac{5\pi}{2}$ 和 $\dfrac{\pi}{4}$ D．$\dfrac{2\pi}{5}$ 和 $-\dfrac{\pi}{4}$

(7) 在 $\triangle ABC$ 中，已知 $b=2$，$\angle B=30°$，$\angle C=135°$，则 $a=$（　　）.

  A．$\sqrt{6}+\sqrt{2}$ B．$\sqrt{6}-\sqrt{2}$ C．$\sqrt{3}-\sqrt{2}$ D．$\sqrt{3}+\sqrt{2}$

(8) 边长为 5，7，8 的三角形的最大角与最小角的和是（　　）.

  A．90°   B．120°   C．135°   D．150°

解答 (1) A； (2) A； (3) A； (4) B； (5) C； (6) D； (7) B； (8) B.

3．在 $\triangle ABC$ 中，已知 $\cos A=\dfrac{5}{13}$，$\cos B=\dfrac{3}{5}$，求 $\cos C$ 的值.

解答 因在 $\triangle ABC$ 中，$\cos A=\dfrac{5}{13}$，$\cos B=\dfrac{3}{5}$，所以

$$\sin A=\dfrac{12}{13},\quad \sin B=\dfrac{4}{5},$$

故

$$\begin{aligned}\cos C&=\cos[\pi-(A+B)]\\&=-\cos(A+B)\\&=-(\cos A\cos B-\sin A\sin B)\\&=-\left(\dfrac{5}{13}\times\dfrac{3}{5}-\dfrac{12}{13}\times\dfrac{4}{5}\right)\\&=\dfrac{33}{65}.\end{aligned}$$

4. 已知 $\sin\alpha = \dfrac{2}{3}$，$\cos\beta = -\dfrac{3}{4}$，且 α，β 都是第二象限角，求 $\sin(\alpha-\beta)$ 的值.

解答 因 $\sin\alpha = \dfrac{2}{3}$，$\cos\beta = -\dfrac{3}{4}$，且 α，β 都是第二象限角，所以

$$\cos\alpha = -\dfrac{\sqrt{5}}{3}, \quad \sin\beta = \dfrac{\sqrt{7}}{4},$$

故

$$\begin{aligned}\sin(\alpha-\beta) &= \sin\alpha\cos\beta - \cos\alpha\sin\beta \\ &= \dfrac{2}{3}\times(-\dfrac{3}{4}) - (-\dfrac{\sqrt{5}}{3})\times\dfrac{\sqrt{7}}{4} \\ &= \dfrac{\sqrt{35}-6}{12}.\end{aligned}$$

5. 已知 $\tan\alpha = \dfrac{1}{2}$，$\tan\beta = \dfrac{1}{3}$，且 α，β 都是锐角，求证：$\alpha+\beta = \dfrac{\pi}{4}$.

证明 因 $\tan\alpha = \dfrac{1}{2}$，$\tan\beta = \dfrac{1}{3}$，所以

$$\tan(\alpha+\beta) = \dfrac{\tan\alpha+\tan\beta}{1-\tan\alpha\tan\beta} = \dfrac{\dfrac{1}{2}+\dfrac{1}{3}}{1-\dfrac{1}{2}\times\dfrac{1}{3}} = 1,$$

故

$$\alpha+\beta = \dfrac{\pi}{4} + k\pi.$$

又因 α，β 都是锐角，所以

$$\alpha+\beta = \dfrac{\pi}{4}.$$

6. 已知 $\sin\alpha = \dfrac{4}{5}$，且 α 是第二象限角，求 $\sin 2\alpha$，$\cos 2\alpha$ 和 $\tan 2\alpha$ 的值.

解答 因 $\sin\alpha = \dfrac{4}{5}$，且 α 是第二象限角，所以

$$\cos\alpha = -\dfrac{3}{5},$$

所以

$$\sin 2\alpha = 2\sin\alpha\cos\alpha = 2\times\frac{4}{5}\times(-\frac{3}{5}) = -\frac{24}{25},$$

$$\cos 2\alpha = \cos^2\alpha - \sin^2\alpha = (-\frac{3}{5})^2 - (\frac{4}{5})^2 = -\frac{7}{25},$$

$$\tan 2\alpha = \frac{\sin 2\alpha}{\cos 2\alpha} = \frac{24}{7}.$$

7. 已知 $\tan\alpha = \frac{1}{7}$，$\tan\beta = \frac{1}{3}$，求 $\tan(\alpha + 2\beta)$ 的值.

解答 因 $\tan\beta = \frac{1}{3}$，所以

$$\tan 2\beta = \frac{2\tan\beta}{1-\tan^2\beta} = \frac{2\times\frac{1}{3}}{1-(\frac{1}{3})^2} = \frac{3}{4},$$

故

$$\tan(\alpha + 2\beta) = \frac{\tan\alpha + \tan 2\beta}{1 - \tan\alpha\tan 2\beta} = \frac{\frac{1}{7}+\frac{3}{4}}{1-\frac{1}{7}\times\frac{3}{4}} = 1.$$

8. 求函数 $y = 2\sin(\frac{x}{4} - \frac{\pi}{3})$ 的周期，并指出当 x 为何值时，函数取得最大值和最小值.

解答 函数的周期 $T = 8\pi$.

令 $z = \frac{x}{4} - \frac{\pi}{3}$，则 $x = 4z + \frac{4\pi}{3}$.

当 $z = \frac{\pi}{2} + 2k\pi$，即 $x = \frac{10\pi}{3} + 8k\pi$ 时，函数 $y = 2\sin z$ 有最大值 2.

当 $z = \frac{3\pi}{2} + 2k\pi$，即 $x = \frac{22\pi}{3} + 8k\pi$ 时，函数 $y = 2\sin z$ 有最小值 -2.

由此可知，当 $x = \frac{10\pi}{3} + 8k\pi (k\in\mathbf{Z})$ 时，函数 $y = 2\sin(\frac{x}{4} - \frac{\pi}{3})$ 取得最大值 2，当 $x = \frac{22\pi}{3} + 8k\pi (k\in\mathbf{Z})$ 时，函数 $y = 2\sin(\frac{x}{4} - \frac{\pi}{3})$ 取得最小值 -2.

9. 利用"五点法"作出下列函数在一个周期内的图像.

（1） $y = \dfrac{1}{2}\sin(3x + \dfrac{\pi}{5})$ ； （2） $y = \cos 4x + \sqrt{3}\sin 4x$.

解答　（1）按五个关键点列表求值，如表 1-3 所示.

表 1-3

$3x + \dfrac{\pi}{5}$	0	$\dfrac{\pi}{2}$	π	$\dfrac{3\pi}{2}$	2π
x	$-\dfrac{\pi}{15}$	$\dfrac{\pi}{10}$	$\dfrac{4\pi}{15}$	$\dfrac{13\pi}{30}$	$\dfrac{9\pi}{15}$
$y = \dfrac{1}{2}\sin(3x + \dfrac{\pi}{5})$	0	$\dfrac{1}{2}$	0	$-\dfrac{1}{2}$	0

描点连线，得到函数 $y = \dfrac{1}{2}\sin(3x + \dfrac{\pi}{5})$ 在一个周期内的图像，如图 1-15 所示.

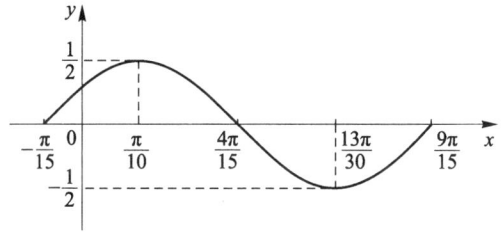

图 1-15

（2） $y = \cos 4x + \sqrt{3}\sin 4x = 2\sin(4x + \dfrac{\pi}{6})$.

按五个关键点列表求值，如表 1-4 所示.

表 1-4

$4x + \dfrac{\pi}{6}$	0	$\dfrac{\pi}{2}$	π	$\dfrac{3\pi}{2}$	2π
x	$-\dfrac{\pi}{24}$	$\dfrac{\pi}{12}$	$\dfrac{5\pi}{24}$	$\dfrac{\pi}{3}$	$\dfrac{11\pi}{24}$
$y = 2\sin(4x + \dfrac{\pi}{6})$	0	3	0	−3	0

描点连线，得到函数 $y = \cos 4x + \sqrt{3}\sin 4x$ 在一个周期内的图像，如图 1-16 所示.

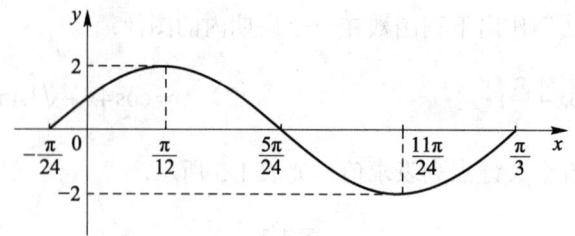

图 1-16

10. 如图 1-17 所示，已知交流电的电流强度 i（A）与时间 t（s）满足函数解析式 $i = A\sin(\omega t + \varphi)$，其中 $A > 0$，$\omega > 0$，$0 < \varphi < \pi$．

（1）试写出函数解析式；

（2）当 $t = 0$，$\dfrac{1}{10}$，$\dfrac{1}{30}$ 时，求电流 i．

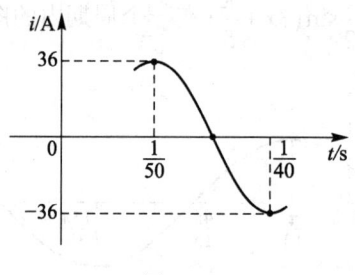

图 1-17

解答　（1）由图 1-17 可知，$A = 36$．

因 $\dfrac{T}{2} = \dfrac{1}{40} - \dfrac{1}{50} = \dfrac{1}{200}$，又 $T = \dfrac{2\pi}{\omega}$，所以 $\omega = 200\pi$，即 $y = 36\sin(200\pi t + \varphi)$．

当 $t = \dfrac{1}{50}$ 时，$i = 36\sin(200\pi \times \dfrac{1}{50} + \varphi) = 36$，解得 $\varphi = \dfrac{\pi}{2} + 2k\pi$，又 $0 < \varphi < \pi$，所以 $\varphi = \dfrac{\pi}{2}$．

因此，函数解析式为 $i = 36\sin(200\pi t + \dfrac{\pi}{2})$，即 $i = 36\cos 200\pi t$，$t \in [0, +\infty)$．

（2）当 $t = 0$ 时，$i = 36\cos 0 = 36$；当 $t = \dfrac{1}{10}$ 时，$i = 36\cos 200\pi \times \dfrac{1}{10} = 36$；当 $t = \dfrac{1}{30}$ 时，$i = 36\cos 200\pi \times \dfrac{1}{30} = -18$．

11. 如图 1-18 所示，一架飞机在海拔 8 000 m 的高空飞行，在 A 点测出前下方 B 岛和 C 岛的俯角分别是 $27°$ 和 $39°$，求 B，C 两岛间的距离．（精确到 $1\,\text{m}$）

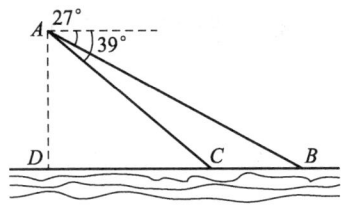

图 1-18

解答 过点 A 向直线 BC 作垂线，交 BC 的延长线于点 D，则 $\angle ABD = 27°$，$\angle ACD = 39°$，$\angle BAC = 39° - 27° = 12°$.

在 $\triangle ACD$ 中，由正弦定理得

$$AC = \frac{AD\sin\angle ADC}{\sin\angle ACD} = \frac{8\,000\sin 90°}{\sin 39°} \approx 12\,712 \text{ (m)}.$$

在 $\triangle ABC$ 中，由正弦定理得

$$BC = \frac{AC\sin\angle BAC}{\sin\angle ABC} = \frac{12\,712\sin 12°}{\sin 27°} \approx 5\,822 \text{ (m)}.$$

因此，B，C 两岛间的距离约为 $5\,822$ m.

12. 如图 1-19 所示，在气象台 A 正西方 240 km 处有一台风中心 B，该台风中心以每小时 20 km 的速度沿北偏东 $60°$ 的方向移动，在距离台风中心 130 km 内的地方都要受其影响．台风中心在移动过程中，与气象台 A 的最短距离是多少？（精确到 1 km）

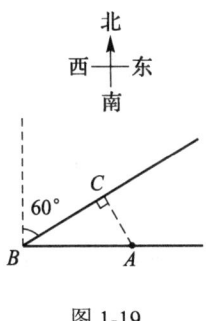

图 1-19

解答 过点 A 向台风移动方向所在直线作垂线，垂足为 C，且 $\angle CBA = 30°$.
在 $\triangle ABC$ 中，由正弦定理得

$$AC = \frac{AB\sin\angle CBA}{\sin\angle BCA} = \frac{240\sin 30°}{\sin 90°} = 120 \text{ (km)}.$$

因此，台风中心在移动过程中，与气象台 A 的最短距离为 120 km．

本章自我检测题

第1章自测题

1. 填空题

   (1) $\cos 285°$ 的值为_____.

   (2) $\cos 80° \cos 20° + \sin 80° \sin 20° =$ _____.

   (3) 已知 $\tan\alpha = 3$，$\tan\beta = 5$，则 $\tan(\alpha + \beta) =$ _____.

   (4) 已知 $\sin\dfrac{\alpha}{2} + \cos\dfrac{\alpha}{2} = \dfrac{2\sqrt{3}}{3}$，则 $\sin\alpha =$ _____，$\cos 2\alpha =$ _____.

   (5) 函数 $y = 2\sin\left(2x + \dfrac{\pi}{3}\right)$，且 $x \in \left[-\dfrac{\pi}{2}, \dfrac{\pi}{2}\right]$，则函数的最大值为_____.

   (6) 在 $\triangle ABC$ 中，已知 $b = 2$，$\angle B = 30°$，$\angle C = 90°$，则 $a =$ _____.

   (7) 在 $\triangle ABC$ 中，已知 $a = 5$，$b = 7$，$\angle C = 60°$，则 $\triangle ABC$ 的周长为_____.

2. 选择题

   (1) 函数 $y = \sin x + \cos x$ 的最小正周期为（   ）.

   A. $\dfrac{\pi}{2}$　　　B. π　　　C. 2π　　　D. 4π

   (2) 已知 $\sin\left(\alpha - \dfrac{\pi}{6}\right) = \dfrac{1}{3}$，则 $\cos\left(2\alpha - \dfrac{\pi}{3}\right) = $（   ）.

   A. $\dfrac{7}{9}$　　　B. $-\dfrac{7}{9}$　　　C. $\dfrac{1}{3}$　　　D. $-\dfrac{1}{3}$

   (3) 已知 $\alpha \in \left(\dfrac{3\pi}{4}, \pi\right)$，化简：$\sqrt{1+\sin 2\alpha} + \sqrt{1-\sin 2\alpha} = $（   ）.

   A. $2\sin\alpha$　　　　　　　　B. $2\cos\alpha$

   C. $-2\sin\alpha$　　　　　　　D. $-2\cos\alpha$

   (4) 已知 $\sin\left(\dfrac{\pi}{4} - \alpha\right) = \dfrac{3}{5}$，则 $\sin 2\alpha = $（   ）.

   A. $\dfrac{7}{25}$　　　B. $\dfrac{14}{25}$　　　C. $\dfrac{16}{25}$　　　D. $\dfrac{19}{25}$

（5）函数 $y=\sin(\dfrac{\pi}{2}x+\dfrac{5\pi}{6})$ 的最小正周期为（　　）.

　　A. $\dfrac{\pi}{3}$　　　　B. $\dfrac{\pi}{2}$　　　　C. 2　　　　D. 4

（6）单摆从某点来回摆动，离开平衡位置的距离 $s(\text{cm})$ 和时间 $t(\text{s})$ 的函数关系式为 $s=6\sin(2\pi t+\dfrac{\pi}{6})$，那么单摆从最高点开始来回摆动一次的时间为（　　）.

　　A. $2\pi\,\text{s}$　　　B. $\pi\,\text{s}$　　　C. $0.5\,\text{s}$　　　D. $1\,\text{s}$

（7）在 $\triangle ABC$ 中，已知 $a=\sqrt{2}$，$b=\sqrt{3}$，$\angle B=60°$，则 $\angle A=$（　　）.

　　A. $135°$　　　B. $90°$　　　C. $45°$　　　D. $30°$

（8）在某次测量中，发现一隧道的坡度为 $\dfrac{3}{4}$，若坡角为 α，则 $\cos\alpha=$（　　）.

　　A. $\dfrac{4}{3}$　　　B. $\dfrac{3}{5}$　　　C. $\dfrac{4}{5}$　　　D. $-\dfrac{4}{5}$

3．已知 $\sin\alpha=\dfrac{5}{13}$，$\alpha\in(\dfrac{\pi}{2},\pi)$，$\cos\beta=-\dfrac{3}{5}$，$\beta\in(\pi,\dfrac{3\pi}{2})$，求 $\sin(\alpha-\beta)$，$\cos(\alpha-\beta)$ 的值．

4．求函数 $y=\sqrt{3}\sin x+\cos x$ 的最大值及取得最大值时 x 的集合．

5. 已知 $\sin\dfrac{\alpha}{2}=\dfrac{1}{3}$，$\alpha\in(0,\pi)$，求 $\sin\alpha$，$\cos\alpha$，$\tan\alpha$ 的值.

6. 已知 $\tan(\alpha-\beta)=2$，$\tan(\alpha+\beta)=7$，求 $\tan2\beta$ 的值.

7. 已知函数 $y=A\sin(\omega x+\varphi)$ $(A>0,\omega>0)$ 一个周期内的函数图像如图 1-20 所示，求该函数的解析式.

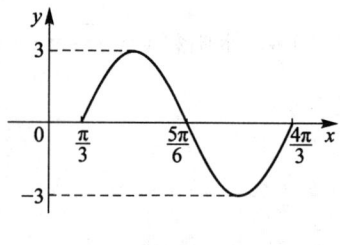

图 1-20

8. 在均匀磁场中，匀速转动的线圈所产生的电流强度 i（A）与时间 t（s）之间的关系满足函数解析式 $i = 3\sin(\frac{1}{2}t + \frac{\pi}{6})$，$t \in [0, +\infty)$．

（1）求函数的周期；

（2）当 t 为何值时，电流第一次达到最大值？

9. 如图 1-21 所示，A，B 两点在河的两岸，测量者在 A 点的同侧岸边选定一点 C，测得 $AC = 50\,\mathrm{m}$，$\angle ACB = 30°$，$\angle CAB = 90°$，求 A，B 两点间的距离．（精确到 0.1 m）

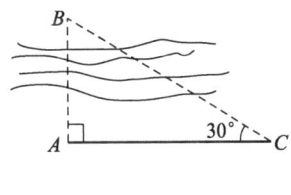

图 1-21

10. 如图 1-22 所示，B，C 两点与电视塔 D 在同一条直线上，从 B，C 两点测得电视塔塔顶的仰角分别为 30° 和 60°，且 $BC = 50\,\mathrm{m}$，求电视塔的高度．（精确到 0.1 m）

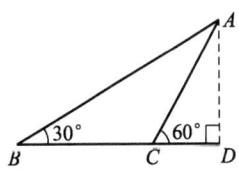

图 1-22

11. 如图 1-23 所示，在某海滨城市附近海面有一台风，据检测台风中心位于城市 A 的东偏南 $60°$方向、距离城市 $300\,\text{km}$ 的海面 P 处，并以 $20\,\text{km/h}$ 的速度向西偏北 $45°$ 方向移动，如果台风侵袭的范围为圆形区域，半径为 $120\,\text{km}$，问几小时后该城市将受到台风的侵袭？（精确到 $0.1\,\text{h}$）

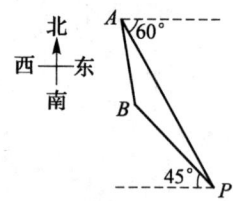

图 1-23

12. 如图 1-24 所示，为了开凿隧道，要测量隧道上 D，E 两点间的距离，为此在山的一侧选取适当点 C，并测得 $CA = 400\,\text{m}$，$CB = 600\,\text{m}$，$\angle ACB = 60°$，又测得 A，B 两点到隧道口的距离为 $AD = 80\,\text{m}$，$BE = 40\,\text{m}$（A，D，E，B 在一条直线上），求 DE 的长．（精确到 $0.1\,\text{m}$）

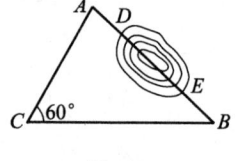

图 1-24

第2章 椭圆、双曲线、抛物线

2.1 椭 圆

【重点与难点辅导】

1. 圆、椭圆、双曲线和抛物线统称为圆锥曲线.

2. 平面内与两个定点 F_1，F_2 的距离之和等于常数（大于 $|F_1F_2|$）的点的轨迹叫做椭圆. 这两个定点 F_1，F_2 叫做椭圆的焦点，两焦点间的距离叫做椭圆的焦距.

3. 椭圆的标准方程为

$$\frac{x^2}{a^2}+\frac{y^2}{b^2}=1\,(a>b>0)，\quad \frac{y^2}{a^2}+\frac{x^2}{b^2}=1\,(a>b>0).$$

其中，$c^2=a^2-b^2\,(b>0)$.

4. 椭圆 $\frac{x^2}{a^2}+\frac{y^2}{b^2}=1\,(a>b>0)$ 位于直线 $x=\pm a$ 和 $y=\pm b$ 所围成的矩形里；椭圆 $\frac{y^2}{a^2}+\frac{x^2}{b^2}=1\,(a>b>0)$ 位于直线 $x=\pm b$ 和 $y=\pm a$ 所围成的矩形里.

5. 椭圆既是分别以 x 轴、y 轴为对称轴的轴对称图形，又是以原点为对称中心的中心对称图形. 椭圆的对称中心叫做椭圆的中心.

6. 在椭圆 $\frac{x^2}{a^2}+\frac{y^2}{b^2}=1\,(a>b>0)$ 中，椭圆与 x 轴交于点 A_1，A_2，与 y 轴交于点 B_1，B_2，这4个交点叫做椭圆的顶点. 线段 A_1A_2 叫做椭圆的长轴，它的长等于 $2a$，a 叫做椭圆的长半轴长；线段 B_1B_2 叫做椭圆的短轴，它的长等于 $2b$，b 叫做椭圆的短半轴长.

7. 通常把椭圆的焦距与长轴长的比 $\frac{c}{a}$ 叫做椭圆的离心率，用 e 表示，即

$$e=\frac{c}{a}.$$

离心率的取值范围：$0 < e < 1$.

【教材习题解析】

习 题 2.1

1. 如果点 $M(x, y)$ 在运动过程中总满足关系式

$$\sqrt{x^2 + (y+3)^2} + \sqrt{x^2 + (y-3)^2} = 10,$$

那么，点 M 的轨迹是什么曲线？为什么？写出它的方程.

解答 根据平面内两点间距离公式可以看出，点 M 到点 $(0, -3)$ 和 $(0, 3)$ 的距离的和等于定长度 10，这符合椭圆的定义，所以，点 M 的轨迹是一个椭圆，且有 $a = 5$，$b = 4$，$c = 3$. 点 M 的轨迹方程为 $\dfrac{x^2}{5^2} + \dfrac{y^2}{4^2} = 1$.

2. 求满足下列条件的椭圆的方程.

（1）长轴长和短轴长分别为 8，6，焦点在 x 轴上；

（2）经过点 $P(2, 0)$，$Q(0, 3)$；

（3）一焦点坐标为 $(-3, 0)$，一顶点坐标为 $(0, 5)$；

（4）焦距为 12，离心率为 0.6，焦点在 x 轴上.

解答 （1）因椭圆的焦点在 x 轴上，所以设它的标准方程为

$$\dfrac{x^2}{a^2} + \dfrac{y^2}{b^2} = 1 \, (a > b > 0).$$

因

$$2a = 8, \quad 2b = 6,$$

所以

$$a = 4, \quad b = 3.$$

因此，所求椭圆的标准方程为 $\dfrac{x^2}{16} + \dfrac{y^2}{9} = 1$.

（2）因椭圆经过点 $P(2, 0)$，$Q(0, 3)$，所以 $a = 3$，$b = 2$，且焦点在 y 轴上，故所求椭圆的标准方程为 $\dfrac{y^2}{9} + \dfrac{x^2}{4} = 1$.

（3）由题意可知，$b = 5$，$c = 3$，所以

$$a^2 = b^2 + c^2 = 5^2 + 3^2 = 34.$$

因椭圆的焦点在 x 轴上，所以椭圆的标准方程为 $\dfrac{x^2}{34}+\dfrac{y^2}{25}=1$.

（4）由已知可得 $2c=12$，$e=\dfrac{c}{a}=0.6$，则
$$c=6,\quad a=10,$$
所以
$$b^2=a^2-c^2=10^2-6^2=64.$$
因椭圆的焦点在 x 轴上，所以椭圆的标准方程为 $\dfrac{x^2}{100}+\dfrac{y^2}{64}=1$.

3．求出下列椭圆的长轴长、短轴长、离心率、焦点坐标和顶点坐标，并画出图形．

（1）$x^2+9y^2=81$；　　　　　　　（2）$25x^2+9y^2=225$；

（3）$16x^2+y^2=25$；　　　　　　　（4）$4x^2+9y^2=1$．

解答　（1）把已知椭圆方程化为标准方程为 $\dfrac{x^2}{81}+\dfrac{y^2}{9}=1$，其中，$a=9$，$b=3$，$c=6\sqrt{2}$，因此，长轴长为 18，短轴长为 6，离心率为 $\dfrac{2\sqrt{2}}{3}$，焦点坐标为 $(-6\sqrt{2},0)$，$(6\sqrt{2},0)$，顶点坐标为 $(-9,0)$，$(9,0)$，$(0,-3)$，$(0,3)$，图形如图 2-1 所示．

（2）把已知椭圆方程化为标准方程为 $\dfrac{y^2}{25}+\dfrac{x^2}{9}=1$，其中，$a=5$，$b=3$，$c=4$，因此，长轴长为 10，短轴长为 6，离心率为 $\dfrac{4}{5}$，焦点坐标为 $(0,-4)$，$(0,4)$，顶点坐标为 $(0,-5)$，$(0,5)$，$(-3,0)$，$(3,0)$，图形如图 2-2 所示．

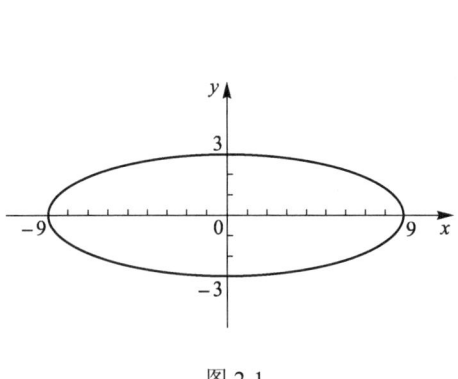

图 2-1

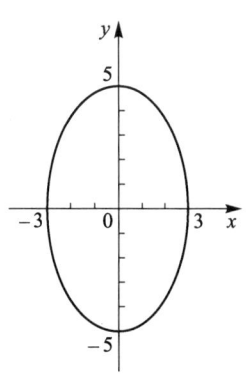

图 2-2

（3）把已知椭圆方程化为标准方程为 $\dfrac{y^2}{25}+\dfrac{x^2}{\frac{25}{16}}=1$，其中，$a=5$，$b=\dfrac{5}{4}$，$c=\dfrac{5\sqrt{15}}{4}$，因此，长轴长为10，短轴长为 $\dfrac{5}{2}$，离心率为 $\dfrac{\sqrt{15}}{4}$，焦点坐标为为 $(0,-\dfrac{5\sqrt{15}}{4})$，$(0,\dfrac{5\sqrt{15}}{4})$，顶点坐标为 $(0,-5)$，$(0,5)$，$(-\dfrac{5}{4},0)$，$(\dfrac{5}{4},0)$，图形如图 2-3 所示．

（4）把已知椭圆方程化为标准方程为 $\dfrac{x^2}{\frac{1}{4}}+\dfrac{y^2}{\frac{1}{9}}=1$，其中，$a=\dfrac{1}{2}$，$b=\dfrac{1}{3}$，$c=\dfrac{\sqrt{5}}{6}$，因此，长轴长为1，短轴长为 $\dfrac{2}{3}$，离心率为 $\dfrac{2\sqrt{2}}{3}$，焦点坐标为 $(-\dfrac{\sqrt{5}}{6},0)$，$(\dfrac{\sqrt{5}}{6},0)$，顶点坐标为 $(-\dfrac{1}{2},0)$，$(\dfrac{1}{2},0)$，$(0,-\dfrac{1}{3})$，$(0,\dfrac{1}{3})$，图形如图 2-4 所示．

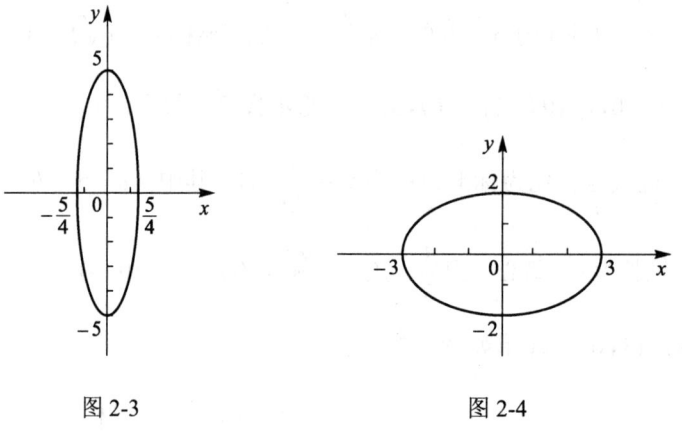

图 2-3　　　　　　　　图 2-4

4．若 $\dfrac{x^2}{2m-1}+\dfrac{y^2}{3-m}=1$ 为椭圆方程，求 m 的取值范围．

解答　由题意可得不等式组 $\begin{cases}2m-1>0\\3-m>0\end{cases}$，解得 $\dfrac{1}{2}<m<3$，因此 m 的取值范围为 $(\dfrac{1}{2},3)$．

5．已知椭圆的一个焦点为 $F(6,0)$，点 B_1，B_2 是短轴的两端点，且 $\triangle FB_1B_2$ 是等边三角形，求这个椭圆的标准方程．

解答　根据题意，作出如图 2-5 所示的示意图．

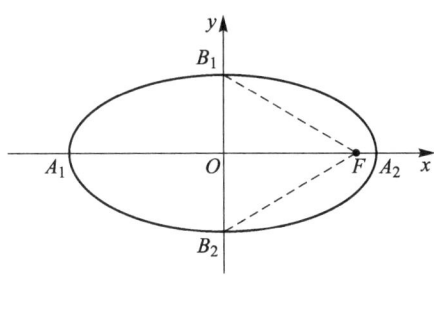

图 2-5

设该椭圆的标准方程为

$$\frac{x^2}{a^2}+\frac{y^2}{b^2}=1\,(a>b>0),$$

则点 B_1，B_2 的坐标分别为 $(0,b)$，$(0,-b)$.

在 $Rt\triangle OB_1F$ 中，$OB_1=b$，$OF=6$，$B_1F=B_1B_2=2b$，所以

$$(2b)^2=b^2+6^2,$$

解得

$$b=2\sqrt{3},$$

所以

$$a^2=(2\sqrt{3})^2+6^2=48.$$

因此，所求椭圆的标准方程为 $\dfrac{x^2}{48}+\dfrac{y^2}{12}=1$.

6．如图 2-6 所示，我国发射的第一颗人造地球卫星的运行轨道是以地球的中心 F_2 为一个焦点的椭圆，其近地点 A 与地球表面相距 439 km，远地点 B 与地球表面相距 2 384 km，AB 是椭圆的长轴．已知地球半径为 6 371 km，求卫星运行的轨道方程．（精确到 1 km）

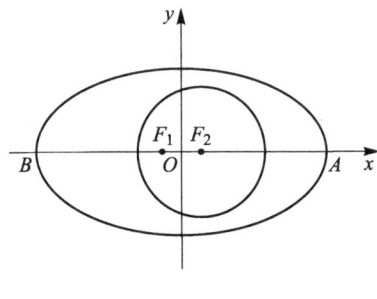

图 2-6

解答 以 AB 连线的中点 O 为原点,OA 方向为 x 轴正方向建立平面直角坐标系,如图 2-6 所示,则点 $F_2(c,0)$ 是椭圆的焦点,椭圆与 x 轴的交点 A,B 分别是近地点和远地点.

设所求"探测一号"星的运行轨道的方程为

$$\frac{x^2}{a^2}+\frac{y^2}{b^2}=1\,(a>b>0).$$

由图 2-6 所示可知,

$$a=\frac{439+2\,384+2\times 6\,371}{2}=7\,783,$$

$$c=a-F_2A=7\,783-(439+6\,371)=973,$$

故

$$b=\sqrt{a^2-c^2}=\sqrt{(a+c)(a-c)}=\sqrt{8\,756\times 6\,810}\approx 7\,722.$$

因此,卫星运行的轨道方程为 $\dfrac{x^2}{7\,783^2}+\dfrac{y^2}{7\,722^2}=1$.

【自我检测题】

检 测 题 2.1

1.填空题

(1) 已知 $\triangle ABC$ 的周长为 8,点 B,C 的坐标分别为 $(-1,0)$,$(1,0)$,则顶点 A 的轨迹方程为_____.

(2) 若椭圆 $\dfrac{x^2}{m}+\dfrac{y^2}{4}=1$ 的离心率为 $\dfrac{1}{3}$,则 $m=$ _____.

(3) 若方程 $x^2+ky^2=2$ 表示焦点在 y 轴上的椭圆,则实数 k 的取值范围是_____.

(4) 已知椭圆 $\dfrac{x^2}{2a}+\dfrac{y^2}{a^2}=1$ 的焦距为 2,则这个椭圆的标准方程为_____,焦点_____轴上.

2.选择题

(1) 下列方程中表示椭圆的是 (   ).

A. $\dfrac{x^2}{9}+\dfrac{y^2}{9}=1$ B. $\dfrac{x^2}{25}-\dfrac{y^2}{9}=1$

C. $-x^2-2y^2=-8$ D. $(x-2)^2+y^2=1$

（2）若 M 是椭圆 $\dfrac{x^2}{9}+\dfrac{y^2}{4}=1$ 上一点，F_1，F_2 是椭圆焦点，则 $|MF_1|+|MF_2|=$（　　）.

　　A．4　　　　B．6　　　　C．9　　　　D．12

（3）椭圆 $\dfrac{x^2}{25}+\dfrac{y^2}{169}=1$ 的焦点坐标为（　　）.

　　A．$(\pm 5,0)$　　B．$(0,\pm 5)$　　C．$(\pm 12,0)$　　D．$(0,\pm 12)$

（4）椭圆 $\dfrac{x^2}{4}+y^2=1$ 的长、短轴的长分别为（　　）.

　　A．4，1　　　B．2，1　　　C．4，2　　　D．2，2

3．求满足下列条件的椭圆方程．

（1）焦点坐标为 $(0,-3)$，$(0,3)$，$a=5$；

（2）长轴长与短轴长的和为20，差为8；

（3）一个顶点坐标为 $(-4,0)$，一个焦点坐标为 $(0,3)$．

4. 求下列椭圆的长半轴长、短半轴长、焦点坐标、顶点坐标和离心率.

(1) $\dfrac{x^2}{16}+\dfrac{y^2}{12}=1$；

(2) $\dfrac{x^2}{6}+\dfrac{y^2}{10}=1$；

(3) $x^2+4y^2=8$；

(4) $9x^2+y^2=27$.

5. 求椭圆 $\dfrac{x^2}{25}+\dfrac{y^2}{16}=1$ 上横坐标等于 4 的点到右焦点的距离.

6. 已知椭圆 $\dfrac{x^2}{25}+\dfrac{y^2}{9}=1$ 的焦点为 F_1，F_2，点 M 是椭圆上不与长轴端点重合的点，求 $\triangle MF_1F_2$ 的周长.

7. 点 $M(x,y)$ 与定点 $F(4,0)$ 的距离和它到直线 $l: x = \dfrac{25}{4}$ 的距离的比是常数 $\dfrac{4}{5}$，求点 M 的轨迹方程．

8. 求以圆 $x^2 + (y-2)^2 = 16$ 与 x 轴的交点为焦点，且经过这个圆与 y 轴的一个交点的椭圆的方程．

9. 彗星"紫金山一号"是南京紫金山天文台发现的，它的运行轨道是以太阳为一个焦点的椭圆．测得轨道的近日点（距离太阳最近的点）距太阳中心 1.486 个天文单位，远日点（距离太阳最远的点）距太阳中心 5.563 个天文单位（1 天文单位是太阳到地球的平均距离，约 1.5×10^8 km），且近日点、远日点及太阳中心在同一条直线上，求轨道的方程．

2.2 双曲线

【重点与难点辅导】

1. 平面内与两个定点 F_1，F_2 的距离的差的绝对值是常数（小于 $|F_1F_2|$）的点的轨迹叫做双曲线. 这两个定点 F_1，F_2 叫做双曲线的焦点，两焦点间的距离叫做双曲线的焦距.

2. 双曲线的标准方程为

$$\frac{x^2}{a^2}-\frac{y^2}{b^2}=1\,(a>0,\ b>0),\quad \frac{y^2}{a^2}-\frac{x^2}{b^2}=1\,(a>0,\ b>0).$$

其中，$c^2=a^2+b^2\,(b>0)$.

3. 双曲线 $\frac{x^2}{a^2}-\frac{y^2}{b^2}=1\,(a>0,\ b>0)$ 位于不等式 $x\geqslant a$ 和 $x\leqslant -a$ 所表示的平面区域内；双曲线 $\frac{y^2}{a^2}-\frac{x^2}{b^2}=1\,(a>0,\ b>0)$ 位于不等式 $y\geqslant a$ 和 $y\leqslant -a$ 所表示的平面区域内.

4. 双曲线既是分别以 x 轴、y 轴为对称轴的轴对称图形，又是以原点为对称中心的中心对称图形. 双曲线的对称中心叫做双曲线的中心.

5. 双曲线 $\frac{x^2}{a^2}-\frac{y^2}{b^2}=1\,(a>0,\ b>0)$ 与 x 轴的两个交点 A_1，A_2 叫做双曲线的顶点. 双曲线与 y 轴没有交点，但也把 $B_1(0,-b)$，$B_2(0,b)$ 画在 y 轴上. 线段 A_1A_2 叫做双曲线的实轴，它的长等于 $2a$，a 叫做双曲线的实半轴长；B_1B_2 叫做双曲线的虚轴，它的长等于 $2b$，b 叫做双曲线的虚半轴长.

6. 双曲线 $\frac{x^2}{a^2}-\frac{y^2}{b^2}=1\,(a>0,\ b>0)$ 的渐近线方程为 $y=\pm\frac{b}{a}x$；双曲线 $\frac{y^2}{a^2}-\frac{x^2}{b^2}=1\,(a>0,\ b>0)$ 的渐近线方程为 $y=\pm\frac{a}{b}x$.

当 $a=b$ 时，双曲线方程 $\frac{x^2}{a^2}-\frac{y^2}{b^2}=1$ 可写作 $x^2-y^2=a^2$，这样的双曲线叫做等轴双曲线.

7. 通常把双曲线的焦距与实轴长的比 $\frac{c}{a}$ 叫做双曲线的离心率，用 e 表示，即

$$e=\frac{c}{a}.$$

离心率的取值范围：$e>1$.

【教材习题解析】

习 题 2.2

1. 如果双曲线 $4x^2-y^2=64$ 上一点 P 到焦点 F_1 的距离为 1，那么点 P 到另一个焦点 F_2 的距离为_____.

解答 9.

2. 求满足下列条件的双曲线的标准方程.

（1）$a=4$，$b=2$；

（2）两个焦点的坐标分别为 $(0,-6)$，$(0,6)$，且经过点 $(2,-5)$；

（3）顶点在 x 轴上，两顶点间的距离为 10，离心率为 $\dfrac{13}{5}$；

（4）焦点在 y 轴上，焦距为 16，离心率为 $\dfrac{4}{3}$.

解答 （1）当焦点在 x 轴上时，设它的标准方程为

$$\frac{x^2}{a^2}-\frac{y^2}{b^2}=1\,(a>0,\ b>0).$$

因

$$a=4,\ b=2,$$

故所求双曲线的标准方程为 $\dfrac{x^2}{16}-\dfrac{y^2}{4}=1$.

同理，当焦点在 y 轴上时，所求双曲线的标准方程为 $\dfrac{y^2}{16}-\dfrac{x^2}{4}=1$.

（2）因双曲线的焦点在 y 轴上，可设它的标准方程为

$$\frac{y^2}{a^2}-\frac{x^2}{b^2}=1\,(a>0,\ b>0).$$

由双曲线的定义可知

$$2a=|\sqrt{2^2+(-5-6)^2}-\sqrt{2^2+(-5+6)^2}|=4\sqrt{5},$$

则

$$a=2\sqrt{5}.$$

因 $c = 6$，所以
$$b^2 = c^2 - a^2 = 6^2 - (2\sqrt{5})^2 = 16.$$

因此，所求双曲线的标准方程为 $\dfrac{y^2}{20} - \dfrac{x^2}{16} = 1$.

（3）因双曲线的顶点在 x 轴上，所以设它的标准方程为
$$\dfrac{x^2}{a^2} - \dfrac{y^2}{b^2} = 1\,(a > 0,\ b > 0).$$

因
$$2a = 10,\quad e = \dfrac{c}{a} = \dfrac{13}{5},$$

所以
$$a = 5,\quad c = 13,$$
$$b^2 = c^2 - a^2 = 13^2 - 5^2 = 144.$$

因此，所求双曲线的标准方程为 $\dfrac{x^2}{25} - \dfrac{y^2}{144} = 1$.

（4）因双曲线的焦点在 y 轴上，所以设它的标准方程为
$$\dfrac{y^2}{a^2} - \dfrac{x^2}{b^2} = 1\,(a > 0,\ b > 0).$$

因
$$2c = 16,\quad e = \dfrac{c}{a} = \dfrac{4}{3},$$

所以
$$a = 6,\quad c = 8,$$
$$b^2 = c^2 - a^2 = 8^2 - 6^2 = 28.$$

因此，所求双曲线的标准方程为 $\dfrac{y^2}{36} - \dfrac{x^2}{28} = 1$.

3．求下列双曲线的实半轴长、虚半轴长、离心率和渐近线方程，并画出图形.

（1）$27x^2 - y^2 = 3$； （2）$x^2 - y^2 = -16$.

解答　（1）把已知双曲线方程化为标准方程为 $\dfrac{x^2}{\frac{1}{9}} - \dfrac{y^2}{3} = 1$，其中，$a = \dfrac{1}{3}$，$b = \sqrt{3}$，

$c = \dfrac{2\sqrt{7}}{3}$,因此,实半轴长为 $\dfrac{1}{3}$,虚半轴长为 $\sqrt{3}$,离心率为 $2\sqrt{7}$,渐近线方程为 $y = \pm 3\sqrt{3} x$,图形如图 2-7 所示.

(2)把已知双曲线方程化为标准方程为 $\dfrac{y^2}{16} - \dfrac{x^2}{16} = 1$,其中,$a = 4$,$b = 4$,$c = 4\sqrt{2}$,因此,实半轴长为 4,虚半轴长为 4,离心率为 $\sqrt{2}$,渐近线方程为 $y = \pm x$,图形如图 2-8 所示.

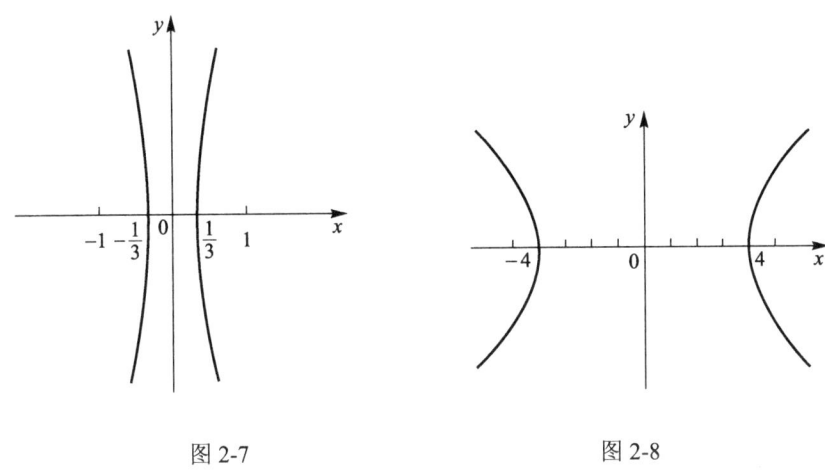

图 2-7　　　　　　　　　图 2-8

4.等轴双曲线的一个焦点为 $F_1(-6, 0)$,求这个双曲线的标准方程和渐近线方程.

解答　因双曲线的焦点在 x 轴上,所以设它的标准方程为

$$\dfrac{x^2}{a^2} - \dfrac{y^2}{b^2} = 1\, (a > 0,\ b > 0).$$

因 $a = b$,$c = 6$,所以

$$6^2 = a^2 + b^2 = 2a^2,$$

故

$$a^2 = 18.$$

因此,所求双曲线的标准方程为 $\dfrac{x^2}{18} - \dfrac{y^2}{18} = 1$,渐近线方程为 $y = \pm x$.

5.若方程 $\dfrac{x^2}{2+m} + \dfrac{y^2}{m+1} = 1$ 表示双曲线,求 m 的取值范围.

解答　由题意可得不等式组 $\begin{cases} 2 + m > 0 \\ m + 1 < 0 \end{cases}$,解得 $-2 < m < -1$,因此 m 的取值范围为

$(-2,-1)$.

6. 求与椭圆 $\dfrac{x^2}{64}+\dfrac{y^2}{39}=1$ 有相同焦点，且离心率为 $\dfrac{5}{4}$ 的双曲线方程．

解答 因椭圆 $\dfrac{x^2}{64}+\dfrac{y^2}{39}=1$ 的焦点坐标为 $(-5,0)$，$(5,0)$，可设双曲线的标准方程为

$$\dfrac{x^2}{a^2}-\dfrac{y^2}{b^2}=1\,(a>0，b>0).$$

因

$$c=5，\quad e=\dfrac{c}{a}=\dfrac{5}{4},$$

所以

$$a=4,$$
$$b^2=c^2-a^2=5^2-4^2=9.$$

因此，所求双曲线的标准方程为 $\dfrac{x^2}{16}-\dfrac{y^2}{9}=1$．

7. 求过点 $(2,-2)$，且与双曲线 $\dfrac{x^2}{2}-y^2=1$ 有公共渐近线的双曲线方程．

解答 因所求双曲线与双曲线 $\dfrac{x^2}{2}-y^2=1$ 有公共渐近线，故可设其标准方程为

$$\dfrac{x^2}{2}-y^2=\lambda\,(\lambda\neq 0).$$

因双曲线过点 $(2,-2)$，所以

$$\dfrac{2^2}{2}-(-2)^2=\lambda,$$

解得

$$\lambda=-2.$$

因此，所求双曲线的标准方程为 $\dfrac{y^2}{2}-\dfrac{x^2}{4}=1$．

【自我检测题】

检测题 2.2

1. 填空题

（1）双曲线 $4x^2 - y^2 + 64 = 0$ 上一点 P 到它的一个焦点的距离等于 1，则点 P 到另一个焦点的距离等于_____．

（2）双曲线的焦点在 y 轴上，且 $a + c = 9$，$b = 3$，则它的标准方程为_____．

（3）双曲线 $8kx^2 - ky^2 = 8$ 的一个焦点是 $(0, 3)$，则 k 的值为_____．

（4）已知双曲线的渐近线方程为 $x \pm 4y = 0$，则双曲线的离心率为_____．

2. 选择题

（1）若方程 $\dfrac{x^2}{1+k} + \dfrac{y^2}{1-k} = 1$ 表示双曲线，则 k 的取值范围是（　　）．

  A．$-1 < k < 1$ B．$k > 0$ C．$k \geqslant 0$ D．$k > 1$ 或 $k < -1$

（2）已知双曲线方程是 $\dfrac{x^2}{20} - \dfrac{y^2}{5} = 1$，那么它的焦距为（　　）．

  A．10 B．5 C．$\sqrt{15}$ D．$2\sqrt{15}$

（3）双曲线 $\dfrac{y^2}{4} - \dfrac{x^2}{9} = 1$ 的离心率是（　　）．

  A．$\dfrac{\sqrt{13}}{3}$ B．$\dfrac{\sqrt{13}}{2}$ C．$\dfrac{3\sqrt{13}}{13}$ D．$\dfrac{2\sqrt{13}}{13}$

（4）双曲线 $\dfrac{x^2}{4} - \dfrac{y^2}{9} = 1$ 的渐近线方程是（　　）．

  A．$y = \pm \dfrac{3}{2}x$ B．$y = \pm \dfrac{2}{3}x$ C．$y = \pm \dfrac{9}{4}x$ D．$y = \pm \dfrac{4}{9}x$

3. 求满足下列条件的双曲线方程．

（1）焦点在 x 轴上，半焦距为 $2\sqrt{3}$，且过点 $P(\sqrt{5}, -\sqrt{6})$；

（2）实轴与虚轴长相等，且一个焦点的坐标为 $(-6,0)$；

（3）经过两点 $A(2,-1)$，$B(4,\sqrt{7})$；

（4）焦点在 y 轴上，焦距为 16，$e=\dfrac{4}{3}$.

4．求下列双曲线的实轴长、虚轴长、焦点坐标、顶点坐标、离心率和渐近线方程.

（1）$\dfrac{x^2}{36}-\dfrac{y^2}{9}=1$； （2）$\dfrac{x^2}{12}-\dfrac{y^2}{5}=1$；

（3）$3x^2 - y^2 = -3$； （4）$9x^2 - 16y^2 = 144$.

5．求以椭圆 $\dfrac{x^2}{8} + \dfrac{y^2}{5} = 1$ 的焦点和长轴的端点为分别作为顶点和焦点的双曲线的方程.

6．已知双曲线 $x^2 - y^2 = m$ 和椭圆 $2x^2 + 3y^2 = 72$ 有相同的焦点，求 m 的值.

7．求过点 $(3, -1)$，且对称轴都在坐标轴上的等轴双曲线方程.

8. 点 $M(x,y)$ 与定点 $F(5,0)$ 的距离和它到直线 $l: x = \dfrac{16}{5}$ 的距离的比是常数 $\dfrac{5}{4}$，求点 M 的轨迹方程．

9. 已知双曲线的焦点 F_1，F_2 在 x 轴上，且 $|F_1F_2| = 12$，若顶点 A_1，A_2 是线段 F_1F_2 的三等分点，求该双曲线的方程．

10. 如图 2-9 所示，某旋转面建筑物纵截面的轮廓线是双曲线，其顶部为双曲线的顶点，设计顶部直径为 3 m，总高度为 8 m，当建筑物高度为 2 m 时，测量外径为 8 m，建筑高度为 4 m，测量外径为 6.10 m，如果允许误差是 0.05 m，施工是否正常？

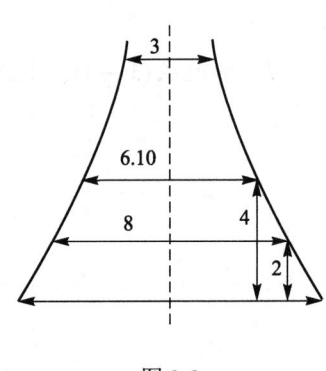

图 2-9

2.3 抛物线

【重点与难点辅导】

1. 平面内与一定点 F 和一定直线 l ($F \notin l$) 的距离相等的点的轨迹叫做抛物线. 定点 F 叫做抛物线的焦点, 定直线 l 叫做抛物线的准线.

2. 抛物线的标准方程、焦点坐标、准线方程及图形如表 2-1 所示.

表 2-1

方程	焦点	准线	图形
$y^2 = 2px \ (p>0)$	$F(\dfrac{p}{2}, 0)$	$x = -\dfrac{p}{2}$	
$y^2 = -2px \ (p>0)$	$F(-\dfrac{p}{2}, 0)$	$x = \dfrac{p}{2}$	
$x^2 = 2py \ (p>0)$	$F(0, \dfrac{p}{2})$	$y = -\dfrac{p}{2}$	
$x^2 = -2py \ (p>0)$	$F(0, -\dfrac{p}{2})$	$y = \dfrac{p}{2}$	

3. 抛物线 $y^2 = 2px \ (p>0)$ 在 y 轴的右侧, 开口方向与 x 轴的正方向相同, 且抛物线向右上方和右下方无限延伸; 抛物线 $y^2 = -2px \ (p>0)$ 在 y 轴的左侧, 开口方向与 x 轴的负方向相同, 且抛物线向左上方和左下方无限延伸; 抛物线 $x^2 = 2py \ (p>0)$ 在 x 轴的上方,

开口方向与 y 轴的正方向相同,且抛物线向左上方和右上方无限延伸;抛物线 $x^2 = -2py(p>0)$ 在 x 轴的下方,开口方向与 y 轴的负方向相同,且抛物线向左下方和右下方无限延伸.

4. 抛物线是轴对称图形,抛物线的对称轴叫做抛物线的轴.

5. 抛物线和它的轴的交点叫做抛物线的顶点.

6. 抛物线上的点到焦点的距离和它到准线的距离之比叫做抛物线的离心率,用 e 表示.由定义可知,$e=1$.

【教材习题解析】

习　题　2.3

1. 准线方程为 $x=2$ 的抛物线的标准方程为（　　）.

　　A. $y^2 = -4x$　　　　　　　　B. $y^2 = -8x$

　　C. $y^2 = 4x$　　　　　　　　　D. $y^2 - 6x = 0$

解答　B.

2. 抛物线 $y^2 = 12x$ 上与焦点的距离等于 9 的点的坐标为＿＿＿＿＿.

解答　$(6, 6\sqrt{2})$.

3. 求下列抛物线的焦点坐标和准线方程.

（1）$y^2 = 6x$；　　（2）$x^2 = 6y$；　　（3）$2y^2 + 5x = 0$；　　（4）$x^2 + 8y = 0$.

解答　（1）因 $2p = 6$,所以 $\dfrac{p}{2} = \dfrac{3}{2}$,故抛物线的焦点坐标为 $F(\dfrac{3}{2}, 0)$,准线方程为 $x = -\dfrac{3}{2}$.

（2）因 $2p = 6$,所以 $\dfrac{p}{2} = \dfrac{3}{2}$,故抛物线的焦点坐标为 $F(0, \dfrac{3}{2})$,准线方程为 $y = -\dfrac{3}{2}$.

（3）因 $2p = \dfrac{5}{2}$,所以 $\dfrac{p}{2} = \dfrac{5}{8}$,故抛物线的焦点坐标为 $F(-\dfrac{5}{8}, 0)$,准线方程为 $x = \dfrac{5}{8}$.

（4）因 $2p = 8$,所以 $\dfrac{p}{2} = 2$,故抛物线的焦点坐标为 $F(0, -2)$,准线方程为 $y = 2$.

4. 求满足下列条件的抛物线的标准方程.

（1）焦点坐标为 $F(0, 4)$；

（2）焦点到准线的距离为 1，且焦点在 y 轴上；

（3）顶点在原点，对称轴是 x 轴，且顶点与焦点的距离为 6.

解答 （1）根据已知条件，设抛物线的标准方程为
$$x^2 = 2py \, (p>0).$$

因焦点坐标为 $F(0,4)$，所以
$$\frac{p}{2} = 4,$$

即
$$2p = 16.$$

因此，所求抛物线的标准方程为 $x^2 = 16y$.

（2）当抛物线开口向上时，因抛物线焦点在 y 轴上，可设抛物线的标准方程为
$$x^2 = 2py.$$

因焦点到准线的距离为 1，所以
$$p = 1.$$

因此，所求抛物线的标准方程为 $x^2 = 2y$.

同理，当抛物线开口向下时，所求抛物线的标准方程为 $x^2 = -2y$.

（3）当抛物线开口向左时，因抛物线顶点在原点，对称轴是 x 轴，可设抛物线的标准方程为
$$y^2 = -2px.$$

因顶点与焦点的距离为 6，所以
$$\frac{p}{2} = 6,$$

即
$$2p = 24.$$

因此，所求抛物线的标准方程为 $y^2 = 24x$.

同理，当抛物线开口向右时，所求抛物线的标准方程为 $y^2 = -24x$.

5．抛物线 $y^2 = 2px \, (p>0)$ 上一点 M 到焦点 F 的距离为 $2p$，求点 M 的坐标.

解答 设点 M 的坐标为 (x_0, y_0).

因抛物线的焦点坐标为 $(\frac{p}{2}, 0)$，所以
$$\sqrt{(x_0 - \frac{p}{2})^2 + (y_0 - 0)^2} = 2p,$$

又 $y_0^2 = 2px_0$，所以

$$x_0 = \frac{3}{2}p, \quad y_0 = \sqrt{3}p.$$

因此，点 M 的坐标为 $(\frac{3}{2}p, \sqrt{3}p)$.

6. 如图 2-10（a）所示，一条隧道的顶部是抛物线形拱形，拱高为 1.1 m，跨度为 2.2 m，求拱形所在抛物线的方程.

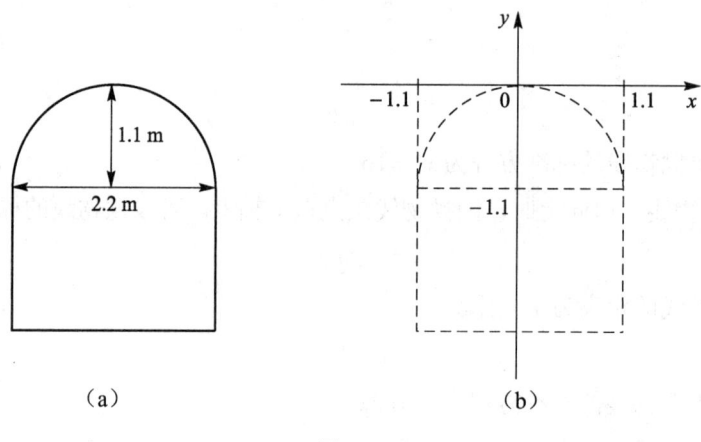

图 2-10

解答 以拱顶点为原点，竖直向下为 y 轴建立直角坐标系，如图 2-10（b）所示，则抛物线过点 $(0,0)$ 和点 $(1.1, -1.1)$.

设抛物线方程为 $x^2 = -2py$，则
$$1.1^2 = -2p \times (-1.1),$$
解得
$$p = \frac{1.1}{2}.$$

因此，拱形所在抛物线的方程为 $x^2 = -1.1y$.

【自我检测题】

检 测 题 2.3

1. 填空题

（1）抛物线 $2x^2 + 3y = 0$ 的焦点坐标为_____，准线方程为_____.

（2）抛物线 $y^2 = 2px\ (p > 0)$ 上一点 $M(4, m)$ 到准线的距离为 6，则 $p = $ _____.

（3）设点 P 在抛物线 $x^2=12y$ 上，且点 P 到此抛物线焦点的距离为 7，则点 P 的坐标为_____．

（4）以原点为顶点，坐标轴为对称轴，且过点 $P(-1,2)$ 的抛物线的方程为_____．

2．选择题

（1）顶点在原点，焦点坐标为 $(0,-2)$ 的抛物线方程为（　　）．

　　A．$y^2=8x$　　　　　　　　B．$y^2=-8x$

　　C．$x^2=8y$　　　　　　　　D．$x^2=-8y$

（2）如果抛物线 $y^2=ax$ 的准线是直线 $x=-1$，那么它的焦点坐标为（　　）．

　　A．$(1,0)$　　　　　　　　B．$(2,0)$

　　C．$(3,0)$　　　　　　　　D．$(-1,0)$

（3）以原点为顶点，坐标轴为对称轴，且过点 $(-2,3)$ 的抛物线的方程为（　　）．

　　A．$x^2=-\dfrac{9}{2}y$ 或 $y^2=\dfrac{4}{3}x$　　　　B．$y^2=-\dfrac{9}{2}x$ 或 $x^2=\dfrac{4}{3}y$

　　C．$x^2=\dfrac{4}{3}y$　　　　　　　　D．$y^2=-\dfrac{9}{2}x$

（4）已知抛物线的顶点为原点，焦点在 y 轴上，且抛物线上点 $(m,-2)$ 到焦点的距离为 4，则 $m=$（　　）．

　　A．4　　　　B．-2　　　　C．4 或 -4　　　　D．2 或 -2

（5）若抛物线 $y^2=2px\,(p>0)$ 上横坐标是 4 的点到焦点的距离为 5，则焦点到准线的距离为（　　）．

　　A．1　　　　B．2　　　　C．4　　　　D．8

3．求与点 $F(1,0)$ 和直线 $x=-1$ 距离相等的点的轨迹方程．

4．求抛物线 $y^2 = 8x$ 上，与焦点 F 的距离等于 6 的点的坐标．

5．已知抛物线的顶点是双曲线 $\dfrac{x^2}{9} - \dfrac{y^2}{7} = 1$ 的中心，焦点是双曲线的左顶点，求抛物线的方程．

6．抛物线 $y^2 = ax$ 上有一点 $P(3, m)$，它到焦点的距离为 4，求 a 与 m 的值．

7．在抛物线 $x^2 = 4y$ 上求一点 M，使其到焦点的距离等于 10．

8. 已知抛物线 $y^2=6x$ 和点 $A(4,0)$，点 M 在此抛物线上运动，求点 M 与点 A 的距离的最小值，并求出点 M 的坐标．

9. 如图 2-11 所示，吊车梁的鱼腹部分 AOB 是一段抛物线，宽为 7 m，高为 0.7 m，求这条抛物线的方程．

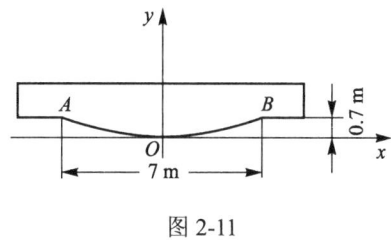

图 2-11

教材复习题解析

复 习 题 2

1．填空题

（1）若椭圆的一个焦点坐标为 $(2,0)$，与 x 轴的一个交点的坐标为 $(4,0)$，则椭圆的标准方程为_____．

（2）椭圆 $\dfrac{x^2}{9}+\dfrac{y^2}{16}=1$ 的焦点坐标为_____．

(3) 若双曲线的焦点坐标为 $F_1(-4,0)$，$F_2(4,0)$，双曲线上的点到两焦点的距离之差的绝对值等于 6，则双曲线的标准方程为＿＿＿＿．

(4) 双曲线 $x^2 - \dfrac{y^2}{24} = 1$ 的离心率为＿＿＿＿．

(5) 抛物线的顶点在原点，对称轴是坐标轴，且过点 $(2, 2\sqrt{2})$，则抛物线的方程为＿＿＿＿．

(6) 在抛物线 $x^2 = 2y$ 上与点 $(0,2)$ 距离最近的点的坐标是＿＿＿＿．

解答 (1) $\dfrac{x^2}{16} + \dfrac{y^2}{12} = 1$； (2) $(0,\sqrt{7})$，$(0,-\sqrt{7})$； (3) $\dfrac{x^2}{9} - \dfrac{y^2}{7} = 1$； (4) 5；
(5) $y^2 = 4x$ 或 $x^2 = \sqrt{2}y$； (6) $(\sqrt{2},1)$ 或 $(-\sqrt{2},1)$．

2．选择题

(1) 如果椭圆 $\dfrac{x^2}{25} + \dfrac{y^2}{9} = 1$ 上一点 M 到椭圆的一个焦点的距离等于 4，那么点 M 到另一个焦点的距离等于（　　）.

  A．1   B．3   C．6   D．8

(2) 双曲线 $\dfrac{x^2}{4} - \dfrac{y^2}{9} = 1$ 的渐近线方程为（　　）.

  A．$4x \pm 9y = 0$ B．$9x \pm 4y = 0$

  C．$2x \pm 3y = 0$ D．$3x \pm 2y = 0$

(3) 已知对称轴为坐标轴的双曲线的一条渐近线方程为 $2x - y = 0$，则该双曲线的离心率为（　　）.

  A．5 或 $\dfrac{5}{4}$ B．$\sqrt{5}$ 或 $\dfrac{\sqrt{5}}{2}$ C．$\sqrt{3}$ 或 $\dfrac{\sqrt{3}}{2}$ D．5 或 $\dfrac{5}{3}$

(4) 抛物线 $y^2 = 4ax\ (a \neq 0)$ 的焦点坐标为（　　）.

  A．$(a,0)$ B．$(-a,0)$ C．$(0,a)$ D．$(0,-a)$

(5) 以椭圆 $\dfrac{x^2}{2} + y^2 = 1$ 的对称中心为顶点，椭圆的焦点为焦点的抛物线的方程为（　　）.

  A．$y^2 = 4x$ B．$y^2 = -4x$ 或 $y^2 = 4x$

  C．$x^2 = 4y$ D．$x^2 = 4y$ 或 $x^2 = -4y$

(6) 若曲线方程 $x^2 + y^2 \cos\alpha = 1$ 中的 α 满足 $0° < \alpha < 180°$，则曲线不能表示（　　）.

  A．抛物线 B．椭圆 C．双曲线 D．圆

解答 （1）C； （2）C； （3）B； （4）A； （5）B； （6）D．

3．已知 $\triangle ABC$ 的两顶点为 $A(2,0)$，$B(-2,0)$，周长为 10，求顶点 C 的轨迹方程．

解答 设顶点 C 的坐标为 (x_0, y_0)，则
$$AB = \sqrt{(-2-2)^2 + (0-0)^2} = 4,$$
$$AC = \sqrt{(x_0-2)^2 + (y_0-0)^2},$$
$$BC = \sqrt{(x_0+2)^2 + (y_0-0)^2}.$$

因 $\triangle ABC$ 的周长为 10，所以
$$\sqrt{(x_0+2)^2 + (y_0-0)^2} + \sqrt{(x_0-2)^2 + (y_0-0)^2} + 4 = 10,$$
整理得
$$\frac{x_0^2}{9} + \frac{y_0^2}{5} = 1.$$

因此，顶点 C 的轨迹方程为 $\frac{x^2}{9} + \frac{y^2}{5} = 1 \, (x \neq \pm 3)$．

4．如图 2-12（a）所示为抛物线形拱桥，当水面在 l 时，拱顶离水面 2 m，水面宽 4 m．水面下降 1 m 后，水面宽为多少？

解答 以拱顶点为原点，竖直向下为 y 轴建立直角坐标系，如图 2-12（b）所示，则抛物线过点 $(0,0)$ 和点 $(2,-2)$．

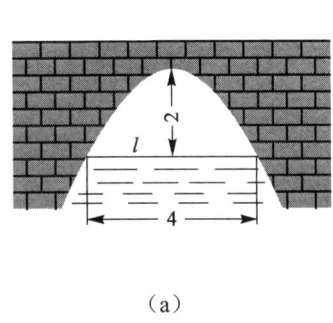
（a）

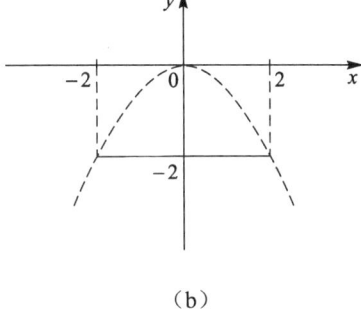
（b）

图 2-12

设抛物线方程为 $x^2 = -2py$，则
$$2^2 = -2p \times (-2),$$
解得
$$p = 1.$$

因此，拱形所在抛物线的方程为 $x^2 = -2y$．

水面下降 1 m，则 $y=-3$，此时 $x=\sqrt{6}$，即水面宽为 $2\sqrt{6}$ m．

5．求双曲线 $y^2-\dfrac{x^2}{2}=1$ 的焦点坐标、顶点坐标、离心率和渐近线方程．

解答 焦点坐标为 $(0,\sqrt{3})$，$(0,-\sqrt{3})$，顶点坐标为 $(0,1)$，$(0,-1)$，离心率为 $\sqrt{3}$，渐近线方程为 $y=\pm\dfrac{\sqrt{2}}{2}x$．

6．已知双曲线和椭圆 $\dfrac{x^2}{9}+\dfrac{y^2}{25}=1$ 的焦点相同，且它们的离心率之和等于 $\dfrac{14}{5}$，求此双曲线的标准方程．

解答 椭圆 $\dfrac{x^2}{9}+\dfrac{y^2}{25}=1$ 的焦点坐标为 $(0,4)$，$(0,-4)$，离心率为 $\dfrac{4}{5}$．

因椭圆的焦点在 y 轴上，可设双曲线的标准方程为
$$\dfrac{y^2}{a^2}-\dfrac{x^2}{b^2}=1\,(a>0,\ b>0)，$$
则双曲线的焦点坐标为 $(0,4)$，$(0,-4)$，离心率为 $\dfrac{14}{5}-\dfrac{4}{5}=2$，故
$$c=4,\ a=2,$$
$$b^2=c^2-a^2=4^2-2^2=12．$$

因此，所求双曲线的标准方程为 $\dfrac{y^2}{4}-\dfrac{x^2}{12}=1$．

7．（1）已知抛物线的标准方程是 $y^2=x$，求它的焦点坐标和准线方程；

（2）已知抛物线的焦点是 $F(0,-2)$，求它的标准方程．

解答 （1）因 $2p=1$，所以 $\dfrac{p}{2}=\dfrac{1}{4}$，故抛物线的焦点坐标为 $(\dfrac{1}{4},0)$，准线方程为 $x=-\dfrac{1}{4}$．

（2）因抛物线的焦点在 y 轴的负半轴，可设抛物线的标准方程为
$$x^2=-2py．$$

因 $\dfrac{p}{2}=2$，则所求抛物线的标准方程为 $y^2=-8x$．

8．已知抛物线的顶点是双曲线 $16x^2-9y^2=144$ 的对称中心，焦点是双曲线的左顶点，求此抛物线的方程．

解答 将双曲线方程化为标准方程得

$$\frac{x^2}{9}-\frac{y^2}{16}=1.$$

因双曲线的对称中心为原点，左顶点坐标为 $(-3,0)$，则所求抛物线的顶点是原点，焦点坐标为 $(-3,0)$.

因抛物线的焦点在 x 轴的负半轴，可设抛物线的标准方程为
$$y^2=-2px.$$

因 $\frac{p}{2}=3$，则所求抛物线的标准方程为 $y^2=-12x$.

9．已知地球运行的轨道是长半轴长为 $a=1.5\times10^8$ km，离心率为 $e=0.019\,2$ 的椭圆，太阳在这个椭圆的一个焦点上，求地球到太阳的最大距离和最小距离．（把地球和太阳分别看成一个点）

解答 因 $a=1.5\times10^8$ km，$e=0.019\,2$，所以
$$c=ae=1.5\times10^8\times0.019\,2=0.028\,8\times10^8 \text{ (km)}.$$

最大距离为 $a+c=1.5\times10^8+0.028\,8\times10^8=1.528\,8\times10^8$ (km)；

最小距离为 $a-c=1.5\times10^8-0.028\,8\times10^8=1.471\,2\times10^8$ (km)．

因此，地球到太阳的最大距离为 $1.528\,8\times10^8$ km，最小距离为 $1.471\,2\times10^8$ km．

本章自我检测题

第 2 章自测题

1．填空题

（1）方程 $x^2+3y^2=12$ 表示焦点在_____轴上的_____．

（2）椭圆 $\frac{x^2}{4}+\frac{y^2}{m}=1$ 的离心率为 $\frac{1}{2}$，则 $m=$ _____．

（3）已知双曲线 $\frac{x^2}{25}-\frac{y^2}{9}=1$ 上一点 P 到左焦点的距离为 2，则点 P 到右焦点的距离为_____．

（4）双曲线 $\frac{y^2}{32}-\frac{x^2}{16}=1$ 的焦点坐标为_____．

（5）顶点在原点，对称轴是 x 轴，顶点到准线的距离为 2 的抛物线方程为_____．

（6）已知抛物线 $y^2 = 8x$ 上一点到 x 轴的距离为 4，则该点到焦点 F 的距离为_____．

（7）抛物线 $y^2 = x$ 上到其准线和顶点距离相等的点的坐标为_____．

2．选择题

（1）椭圆 $2x^2 + 3y^2 = 6$ 的焦距是（　　）．

  A．2　　　　B．$2\sqrt{5}$　　　　C．$2(\sqrt{3}-\sqrt{2})$　　　　D．$2(\sqrt{3}+\sqrt{2})$

（2）若椭圆的两焦点为 $(-2,0)$ 和 $(2,0)$，且椭圆过点 $(\frac{5}{2},-\frac{3}{2})$，则椭圆方程是（　　）．

  A．$\dfrac{y^2}{8}+\dfrac{x^2}{4}=1$　　B．$\dfrac{y^2}{10}+\dfrac{x^2}{6}=1$　　C．$\dfrac{y^2}{4}+\dfrac{x^2}{8}=1$　　D．$\dfrac{x^2}{10}+\dfrac{y^2}{6}=1$

（3）如果双曲线 $\dfrac{x^2}{4}-\dfrac{y^2}{2}=1$ 上一点 P 到双曲线右焦点的距离为 2，那么点 P 到 y 轴的距离为（　　）．

  A．$\dfrac{4\sqrt{6}}{3}$　　B．$\dfrac{2\sqrt{6}}{3}$　　C．$2\sqrt{6}$　　D．$2\sqrt{3}$

（4）双曲线 $\dfrac{x^2}{5}-\dfrac{y^2}{4}=1$ 与 $\dfrac{x^2}{5}-\dfrac{y^2}{4}=k$ 始终有相同的（　　）．

  A．焦点　　　　B．离心率　　　　C．渐近线　　　　D．顶点

（5）如果抛物线 $y^2 = ax$ 的准线是直线 $x = -1$，那么它的焦点坐标为（　　）．

  A．$(1,0)$　　　B．$(2,0)$　　　C．$(3,0)$　　　D．$(-1,0)$

（6）顶点在原点，焦点在 y 轴的抛物线上有一点 $P(m,-1)$ 到焦点的距离为 5，则 $m =$（　　）．

  A．2 或 –2　　　B．4　　　C．$2\sqrt{5}$　　　D．4 或 –4

3．已知椭圆的一个顶点为 $A(2,0)$，其长轴长是短轴长的 2 倍，求此椭圆的标准方程．

4. 若椭圆 $\dfrac{x^2}{25-m}+\dfrac{y^2}{16+m}=1$ 的焦点在 y 轴上，求 m 的取值范围．

5. 如图 2-13 所示，设点 A，B 的坐标分别为 $(-3,0)$，$(3,0)$，直线 AM，BM 相交于点 M，且它们的斜率之积为 $-\dfrac{4}{5}$，求点 M 的轨迹方程．

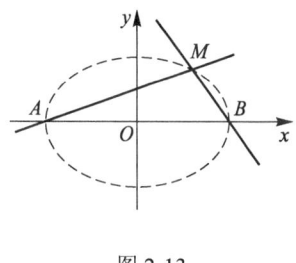

图 2-13

6. 若点 P 在椭圆 $\dfrac{x^2}{2}+y^2=1$ 上，F_1，F_2 分别是椭圆的两焦点，且 $\angle F_1PF_2=90°$，求 $\triangle F_1PF_2$ 的面积．

7. 已知双曲线与椭圆 $4x^2 + y^2 = 64$ 有相同焦点，且双曲线的实轴长与虚轴长之比为 $\sqrt{3} : 3$，求该双曲线的方程.

8. 已知双曲线 $\dfrac{x^2}{a^2} - \dfrac{y^2}{b^2} = 1 (a > 0，b > 0)$ 的一条渐近线方程是 $y = \sqrt{3}x$，它的一个焦点在抛物线 $y^2 = 24x$ 的准线上，求此双曲线的方程.

9. 已知抛物线的焦点为椭圆 $\dfrac{x^2}{9} + \dfrac{y^2}{4} = 1$ 的左焦点，顶点在椭圆中心，求此抛物线的标准方程.

10. 若抛物线 $y^2 = 2px$ 的焦点与椭圆 $\dfrac{x^2}{6} + \dfrac{y^2}{2} = 1$ 的右焦点重合，求 p 的值．

第3章 概率与统计

3.1 排列与组合

【重点与难点辅导】

1. 元素通常指将被取的对象.

2. 一般地，从 n 个不同元素中任取 $m(m\leqslant n)$ 个元素，按照一定的顺序排成一列，叫做从 n 个不同元素中取出 m 个元素的一个排列. 当 $m<n$ 时，叫做选排列；当 $m=n$ 时，叫做全排列. 一个排列就是完成一件事的一种方法，不同的排列就是完成一件事的不同排法.

3. 一般地，从 n 个不同元素中取出 $m(m\leqslant n)$ 个元素的所有不同排列的个数叫做从 n 个不同元素中取出 m 个元素的排列数，用符号 A_n^m 表示.

4. 正整数 1 到 n 的连乘积叫做 n 的阶乘，用 $n!$ 表示，即
$$n! = n(n-1)(n-2)\cdots 3\times 2\times 1.$$

5. 排列数公式：

（1）当 $m(m\leqslant n)$ 时，$A_n^m = n(n-1)(n-2)\cdots(n-m+1)$；

（2）当 $m=n$ 时，$A_n^n = n(n-1)(n-2)\cdots 3\times 2\times 1 = n!$；

（3）当 $m<n$ 时，$A_n^m = \dfrac{n!}{(n-m)!}$.

6. 一般地，从 n 个不同元素中任取 $m(m\leqslant n)$ 个元素，组成一组，叫做从 n 个不同元素中取出 m 个元素的一个组合.

7. 一般地，从 n 个不同元素中取出 $m(m\leqslant n)$ 个元素的所有组合的个数叫做从 n 个不同元素中取出 m 个元素的组合数，用符号 C_n^m 表示.

8. 组合数公式：$C_n^m = \dfrac{A_n^m}{A_m^m} = \dfrac{n(n-1)(n-2)\cdots(n-m+1)}{m!} = \dfrac{n!}{m!(n-m)!}$.

9. 组合数具有如下性质：

（1）$C_n^m = C_n^{n-m} \ (m\leqslant n)$；

（2）$C_{n+1}^m = C_n^m + C_n^{m-1}$ $(m \leqslant n)$．

10．规定：$0! = 1$，$C_n^0 = 1$，$C_n^n = 1$．

11．由排列与组合的定义可知，两者都是从 n 个不同元素中任取 $m(m \leqslant n)$ 个元素，这是排列与组合的共同点；它们的不同点是排列与元素的顺序有关，组合与元素的顺序无关．只有元素相同且顺序也相同的两个排列才是相同的；只要两个组合的元素相同，不论元素的顺序如何，都是相同的组合．

【教材习题解析】

习　题　3.1

1．计算：

（1）A_7^2；　　（2）C_{200}^{196}；　　（3）$A_{10}^3 + A_5^1$；　　（4）$C_{10}^3 + C_5^1$．

解答　（1）$A_7^2 = 7 \times 6 = 42$．

（2）$C_{200}^{196} = C_{200}^4 = \dfrac{200 \times 199 \times 198 \times 197}{4 \times 3 \times 2 \times 1} = 64\,684\,950$．

（3）$A_{10}^3 + A_5^1 = 10 \times 9 \times 8 + 5 = 725$．

（4）$C_{10}^3 + C_5^1 = \dfrac{10 \times 9 \times 8}{3 \times 2 \times 1} + 5 = 125$．

2．有 3 名大学生到 5 家公司应聘，已知每家公司至多招聘 1 名新员工，且 3 名大学生全部被聘用．若不允许兼职，问共有多少种不同的招聘方案？

解答　将 5 家公司看作 5 个不同的元素，3 名大学生看作 3 个位置，则本题即为从 5 个不同元素中任取 3 个元素的排列问题，所以不同的招聘方案共有
$$A_5^3 = 5 \times 4 \times 3 = 60(\text{种})．$$

因此，共有 60 种不同的招聘方案．

3．从 3，5，7，11 这 4 个质数中任取 2 个相乘，可以得到多少个不相等的积？

解答　由于任意两个质数的积都不相等，则本题即为从 4 个不同元素中任取 2 个元素的排列问题，所以可以得到不相等的积的个数为
$$A_4^2 = 4 \times 3 = 12(\text{个})．$$

因此，可以得到 12 个不相等的积．

4．一位教练的足球队共有 17 名学员，按照足球比赛规则，比赛时一个足球队的上场队员是 11 人．

（1）这位教练从这17名学员中，可以形成多少种上场方案？

（2）如果在选出11名上场队员时，还要确定其中的守门员，那么教练有多少种方案？

解答 （1）由于上场学员没有角色差异，地位完全一样，则本题即为从17个不同元素中任取11个元素的组合问题，所以形成的上场方案有

$$C_{17}^{11} = \frac{17!}{11! \times 6!} = 12\,376(种).$$

因此，可以形成12 376种上场方案.

（2）由于守门员的位置是特殊的，其余上场学员的地位没有差异，可分为两步完成：

第一步，从17名学员中任选11人组成上场小组，共有C_{17}^{11}种选法；

第二步，从选出的11人中任选1人作为守门员，共有C_{11}^{1}种选法.

由分步乘法计数原理可知，上场方案有

$$C_{17}^{11} C_{11}^{1} = 12\,376 \times 11 = 136\,136(种).$$

因此，教练有136 136种上场方案.

5．一个口袋里装有7个不同的白球和1个红球，从口袋里任取5个球．

（1）共有多少种不同的取法？

（2）其中恰有1个红球，共有多少种不同的取法？

（3）其中不含红球，共有多少种不同的取法？

解答 （1）从口袋里的8个球中任取5个球，不同的取法种数是

$$C_{8}^{5} = C_{8}^{3} = \frac{8 \times 7 \times 6}{3 \times 2 \times 1} = 56(种).$$

因此，共有56种不同的取法.

（2）从口袋里的8个球中任取5个球，其中恰有1个红球，可分为两步完成：

第一步，从7个不同的白球中任取4个白球，共有C_{7}^{4}种取法；

第二步，把1个红球取出，共有C_{1}^{1}种取法.

由分步乘法计数原理可知，不同的取法种数是

$$C_{7}^{4} C_{1}^{1} = C_{7}^{3} C_{1}^{1} = \frac{7 \times 6 \times 5}{3 \times 2 \times 1} \times 1 = 35(种).$$

因此，共有35种不同的取法.

（3）从口袋里的8个球中任取5个球，其中不含红球，则只需从7个不同的白球中任取5个白球即可，不同的取法种数是

$$C_{7}^{5} = C_{7}^{2} = \frac{7 \times 6}{2 \times 1} = 21(种).$$

因此,共有 21 种不同的取法.

6. 从 5 名男生和 4 名女生中各选出 2 名学生担任 4 门不同课程的课代表,共有多少种不同的选法?

解答 本题是排列与组合的综合问题,可分三步完成:

第一步,从 5 名男生中选出 2 名学生,共有 C_5^2 种方法;

第二步,从 4 名女生中选出 2 名学生,共有 C_4^2 种方法;

第三步,对选出的 4 名学生担任 4 门不同课程的课代表,共有 A_4^4 种方法.

由分步乘法计数原理可知,不同的取法种数是

$$C_5^2 C_4^2 A_4^4 = \frac{5\times 4}{2\times 1} \times \frac{4\times 3}{2\times 1} \times 4\times 3\times 2\times 1 = 1\,440(\text{种}).$$

因此,共有 1 440 种不同的取法.

7. 从 1,3,5,7,9 中任取 3 个数字,从 2,4,6,8 中任取 2 个数字,一共可以组成多少个没有重复数字的五位数?其中能被 5 整除的五位数有多少个?

解答 本题是排列与组合的综合问题,可分三步完成:

第一步,从 1,3,5,7,9 中任取 3 个数字,共有 C_5^3 种方法;

第二步,从 2,4,6,8 中任取 2 个数字,共有 C_4^2 种方法;

第三步,对选出的 5 个数字进行排列,共有 A_5^5 种方法.

由分步乘法计数原理可知,组成没有重复数字的五位数的个数是

$$C_5^3 C_4^2 A_5^5 = \frac{5\times 4\times 3}{3\times 2\times 1} \times \frac{4\times 3}{2\times 1} \times 5\times 4\times 3\times 2\times 1 = 7\,200(\text{个}).$$

能被 5 整除的五位数,其个位数字为 5,其他 3 个数位的数字分别为从 1,3,7,9 中任取 2 个数字,从 2,4,6,8 中任取 2 个数字,组成这样的五位数的个数是

$$C_4^2 C_4^2 A_4^4 = \frac{4\times 3}{2\times 1} \times \frac{4\times 3}{2\times 1} \times 4\times 3\times 2\times 1 = 864(\text{个}).$$

因此,一共可以组成 7 200 个没有重复数字的五位数,其中能被 5 整除的五位数有 864 个.

8. 一种密码锁的密码由 1 到 9 中的 6 个数字组成(数字允许重复),可以组成多少个密码?

解答 由于数字可以重复,故不是排列组合问题,可分成 6 个步骤来组成密码,每一个步骤的数字都可以从 9 个数字中选出.

由分步乘法计数原理可知,组成密码的个数为

$C_9^1 C_9^1 C_9^1 C_9^1 C_9^1 C_9^1 = 9 \times 9 \times 9 \times 9 \times 9 \times 9 = 531441(个)$.

因此，可以组成 531 441 个密码．

【自我检测题】

检 测 题 3.1

1．填空题

（1）$A_{10}^8 = $ _____，$C_5^2 C_{10}^2 = $ _____．

（2）同室四人各写一张贺年卡，先集中起来，然后每人从中拿一张别人送出的贺年卡，则四张贺年卡不同的分配方式有_____种．

（3）从 9 人中选派 2 人参加某一活动，有_____种不同选法．

（4）6 个人分乘两辆不同的汽车，每辆车最多坐 4 人，则不同的乘车方法数为____．

（5）由数字 1，2，3，4 能够组成_____个三位数，其中没有重复数字的三位数共有_____个．

（6）安排 7 位工作人员在 5 月 1 日到 5 月 7 日值班，每人值班一天，其中甲、乙二人都不能安排在 5 月 1 日和 2 日，不同的安排方法共有_____种．

2．选择题

（1）$18 \times 17 \times \cdots \times 9 \times 8 = $（   ）．

  A．A_{18}^8 B．A_{18}^9 C．A_{18}^{10} D．A_{18}^{11}

（2）一张录有学校文艺汇演节目的光盘，要在 4 个班级中轮流观看，不同的排序方法有（   ）种．

  A．A_4^1 B．A_4^4 C．C_4^1 D．C_4^4

（3）12 个人分成 2 队进行排球比赛，每队 6 个人，不同的分法有（   ）种．

  A．$\frac{1}{2} C_{12}^6$ B．C_{12}^6 C．$2 C_{12}^6$ D．A_{12}^6

（4）把一个圆周分成 24 等分，过其中任意 3 个分点形成的圆的内接三角形的个数是（   ）个．

  A．12 144   B．2 024   C．1 012   D．6 072

（5）由 1，2，3，4，5，6 组成的没有重复数字的六位数中，1，3 都不与 5 相邻的偶数有（   ）个．

  A．72   B．96   C．108   D．144

3. 有4名女同学，6名男同学，现选3名同学参加某一比赛，其中至少有1名女同学，有多少种不同选法？

4. 现有5名学生排成一排照相．
  （1）某名学生不能排在最左侧的不同排队方法有多少种？
  （2）某2名学生必须相邻的不同排队方法有多少种？

5. 在50件产品中有2件次品，从中任意抽取3件进行检查，问：
  （1）一共有多少种不同的抽法？
  （2）抽出的3件中恰好有1件是次品的抽法有多少种？
  （3）抽出的3件中至少有1件是次品的抽法有多少种？

6. 由 1，2，3，4，5 组成一个无重复数字的五位数，其中 2，3 必须排在一起，4，5 不能排在一起，则不同的五位数共有多少个？

7. 男、女学生共有 8 人，从男生中选取 2 人，从女生中选取 1 人，共有 30 种不同的选法，其中女生有多少人？

8. 有 11 个队参加的篮球比赛分成两个阶段进行．第一阶段，分成两个小组，第 1 小组 5 个队，第 2 小组 6 个队，各组都进行单循环比赛（即一场比赛失败要退出比赛）；第二阶段，各组的前 2 名进行单循环比赛确定冠、亚军，问共需进行多少场比赛？

9. 停车场有12个车位,有8辆车需要停放.

(1) 共有多少种不同的停车方法?

(2) 若要求4个空位要连在一起,那么有多少种不同的停车方法?

10. 在画廊要展出1幅水彩画、4幅油画、5幅国画,要求排成一排,并且同一种的画摆放在一起,还要求水彩画不能摆两端,那么不同的陈列方式有多少种?

11. 某班有30名学生,其中班长、副班长各1名,现选派4名学生参加某课外活动.

(1) 如果班长与副班长都参加,共有多少种不同的选法?

(2) 如果班长与副班长有1个人参加,共有多少种不同的选法?

(3) 如果班长与副班长都不参加,共有多少种不同的选法?

(4) 如果班长与副班长至少有1个人参加,共有多少种不同的选法?

3.2 二项式定理

【重点与难点辅导】

1. 二项式定理：设 a，b 是任意实数，n 是任意给定的正整数，则
$$(a+b)^n = C_n^0 a^n + C_n^1 a^{n-1}b + \cdots + C_n^m a^{n-m}b^m + \cdots + C_n^n b^n.$$

公式右边的多项式叫做二项展开式，共有 $n+1$ 项，其中每一项的系数 C_n^m（$m=0$，1，2，$\cdots$，m）叫做该项的二项式系数，第 $m+1$ 项叫做二项式的通项，记作 T_{m+1}，则
$$T_{m+1} = C_n^m a^{n-m} b^m.$$

2. 在二项式定理中，如果设 $a=1$，$b=x$，则得到公式
$$(1+x)^n = 1 + C_n^1 x + C_n^2 x^2 + \cdots + C_n^m x^m + \cdots + C_n^n x^n.$$

3. 二项式系数具有下列性质：

（1）每一行的两端都是 1，其余每个数都是它"肩上"两个数的和；

（2）每一行中与首末两端"等距离"的两个数相等；

（3）如果二项式 $(a+b)^n$ 的幂指数 n 是偶数，那么它的展开式中间一项的二项式系数最大；如果 n 是奇数，那么它的展开式中间两项的二项式系数最大且相等.

【教材习题解析】

习　题　3.2

1．选择题

（1）$(x-1)^{10}$ 的展开式的第 6 项的系数是（　　）.

　　A．C_{10}^6　　　　B．$-C_{10}^6$　　　　C．C_{10}^5　　　　D．$-C_{10}^5$

（2）$(1+x)^{2n}$（$n \in \mathbf{N}^+$）的展开式中，系数最大的项是（　　）.

　　A．第 n 项　　　　　　　　　B．第 $n+1$ 项

　　C．第 $\dfrac{n}{2}+1$ 项　　　　　　D．第 n 项与第 $n+1$ 项

解答　（1）A；（2）B.

2．填空题

（1）$(x^3+2x)^5$ 的展开式中，第 4 项的二项式系数是_____，系数是_____.

（2）$(a+b)^9$ 的展开式中，各项二项式系数的最大值是_____．

（3）$(1-2x)^9$ 的展开式中，第 6 项是_____．

（4）$(x+\dfrac{1}{x})^{10}$ 的展开式中，第_____项是常数项．

解答 （1）10，80；（2）126；（3）$-4\,032x^5$；（4）6．

3．求 $(\dfrac{\sqrt{x}}{3}+\dfrac{3}{\sqrt{x}})^{12}$ 的展开式的中间一项．

解答 由于 $(\dfrac{\sqrt{x}}{3}+\dfrac{3}{\sqrt{x}})^{12}$ 的展开式共有 13 项，则其中间一项为

$$T_7 = C_{12}^6 (\dfrac{\sqrt{x}}{3})^{12-6}(\dfrac{3}{\sqrt{x}})^6 = 924.$$

4．求 $(2\sqrt{x}-\dfrac{1}{\sqrt{x}})^6$ 的展开式中的常数项．

解答 $(2\sqrt{x}-\dfrac{1}{\sqrt{x}})^6$ 的二项展开式的通项为

$$T_{m+1} = C_6^m \times (2\sqrt{x})^{6-m} \times (-\dfrac{1}{\sqrt{x}})^m = (-1)^m \times 2^{6-m} \times C_6^m x^{\frac{6-m}{2}-\frac{m}{2}}.$$

令

$$\dfrac{6-m}{2}-\dfrac{m}{2}=0,$$

解得

$$m=3.$$

所以二项展开式的第 4 项是常数项，为

$$(-1)^3 \times 2^{6-3} \times C_6^3 = (-1) \times 8 \times 20 = -160.$$

5．求 $(x-\sqrt{3})^{10}$ 的展开式中含 x^6 的项的系数．

解答 $(x-\sqrt{3})^{10}$ 的二项展开式的通项为

$$T_{m+1}=C_6^m x^{10-m} \times (-\sqrt{3})^m.$$

令

$$10-m=6,$$

解得

$$m=4.$$

所以含 x^6 的项的系数为

$$C_6^4 \times (-\sqrt{3})^4 = 15 \times 9 = 135.$$

6. 求 $(x-2y)^{10}$ 的展开式中二项式系数最大的项,并指出这项的二项式系数.

解答 由于 $(x-2y)^{10}$ 的展开式共有 11 项,则二项式系数最大的项为第 6 项,其二项式系数为

$$C_{10}^5 = 252.$$

7. 若 $(x-\dfrac{1}{x})^n$ 展开式的第 4 项为含 x^3 的项,求 n 的值.

解答 $(x-\dfrac{1}{x})^n$ 展开式的第 4 项为

$$T_4 = C_n^3 x^{n-3}(-\dfrac{1}{x})^3 = -C_n^3 x^{n-6}.$$

由题意可知,

$$n-6=3,$$

解得

$$n=9.$$

所以 n 的值为 9.

【自我检测题】

检 测 题 3.2

1．填空题

（1）$(a+b)^{10}$ 的展开式共有_____项,其中二项式系数最大的是第_____项.

（2）$(x-\dfrac{1}{x^2})^{10}$ 展开式中的第 4 项为_____.

（3）已知 $(x+a)^7$ 的展开式的第 4 项的系数为 -280,则 $a=$_____.

（4）$(a+b)^{10}$ 的展开式中,与第 3 项二项式系数相等的项是第_____项.

2．选择题

（1）$(a-b)^9$ 的展开式中,系数最小的项是（   ）.

  A．第 1 项   B．第 5 项

  C．第 6 项   D．第 10 项

（2）$(2x^2-\dfrac{1}{x})^6$ 的展开式的常数项是（　　）.

A．60　　　　B．40　　　　C．12　　　　D．-60

（3）$(x^2-\dfrac{1}{2x})^9$ 的展开式中，含 x^9 项的系数为（　　）.

A．$\dfrac{11}{4}$　　　B．$-\dfrac{11}{4}$　　　C．$\dfrac{11}{2}$　　　D．$-\dfrac{11}{2}$

（4）$(1-2x)^7$ 的展开式中，各项系数的和为（　　）.

A．-1　　　　B．1　　　　C．2^7　　　　D．3^7

（5）若 $(x^3+x^{-2})^n$ 展开式中只有第6项的系数最大，则展开式的常数项是（　　）.

A．第6项　　B．第7项　　C．第9项　　D．第11项

3．求下列各式的展开式.

（1）$(1+x)^8$；

（2）$(2a+b)^5$；

（3）$(x-\dfrac{1}{x})^6$；

（4）$(\dfrac{\sqrt{x}}{2}-\dfrac{2}{\sqrt{x}})^4$.

4．求 $(1-x)^{10}$ 展开式的第6项.

5. 求 $(x-2)^{10}$ 展开式第 5 项的二项式系数, 并指出第 5 项的系数.

6. 求 $(2x-\frac{1}{3}y)^7$ 展开式中含有 x^5y^2 的项的系数.

7. 求 $(2x+1)^{12}$ 的展开式中二项式系数最大的项.

8. 求 $(x^2-\frac{1}{x})^{15}$ 展开式中的常数项.

9. 求 $(x^3 - \dfrac{1}{x})^{11}$ 展开式的中间两项.

10. 求 $(1+x)+(1+x)^2+\cdots+(1+x)^{10}$ 展开式中含有 x^3 的项的系数.

3.3 离散型随机变量及其分布

【重点与难点辅导】

1. 如果随机试验的结果可以用一个变量的取值来表示，且这个变量的取值随着试验结果的不同而变化，那么这个变量叫做随机变量. 通常用小写希腊字母 ξ，η 等表示，有时也可以用大写字母 X，Y，Z 表示.

2. 随机变量具有下列特征：
（1）取值是随机的，事先并不知道取到哪一个值；
（2）所取的每一个值都对应于某一随机事件；
（3）所取的每一个值都有确定的概率.

3．随机变量按照其取值状态的不同，一般分为离散型随机变量和连续型随机变量．

4．一般地，由离散型随机变量 ξ 的所有可能取值 x_1，x_2，x_3，$\cdots$ 与其对应的概率 $P(\xi=x_i)=p_i(i=1,2,3,\cdots)$ 所组成的表叫做离散型随机变量 ξ 的概率分布（或分布列），如表 3-1 所示．

表 3-1

ξ	x_1	x_2	x_3	$\cdots$	x_i	$\cdots$
P	p_1	p_2	p_3	$\cdots$	p_i	$\cdots$

5．离散型随机变量的概率分布具有以下性质：

（1） $p_i \geqslant 0 (i=1,2,3,\cdots)$；

（2） $p_1+p_2+p_3+\cdots=1$．

6．计算离散型随机变量的概率分布的主要步骤：

（1）写出随机变量的所有可能取值；

（2）计算出各个取值对应的随机事件的概率；

（3）列出表格．注意验证 $p_i \geqslant 0 (i=1,2,3,\cdots)$ 与 $p_1+p_2+p_3+\cdots=1$．

7．一般地，设离散型随机变量 ξ 的所有可能取值为有限个值 x_1，x_2，x_3，$\cdots$，x_n，这些值对应的概率为 p_1，p_2，p_3，$\cdots$，p_n，则将

$$E(\xi)=x_1 p_1+x_2 p_2+x_3 p_3+\cdots+x_n p_n$$

叫做离散型随机变量 ξ 的均值（或数学期望），记作 $E(\xi)$．

8．一般地，设离散型随机变量 ξ 的所有可能取值为有限个值 x_1，x_2，x_3，$\cdots$，x_n，这些值对应的概率为 p_1，p_2，p_3，$\cdots$，p_n，则将

$$D(\xi)=[x_1-E(\xi)]^2 p_1+[x_2-E(\xi)]^2 p_2+[x_3-E(\xi)]^2 p_3+\cdots+[x_n-E(\xi)]^2 p_n$$

叫做离散型随机变量 ξ 的方差，记作 $D(\xi)$．

9．计算离散型随机变量 ξ 的方差还可以使用公式

$$D(\xi)=E(\xi^2)-[E(\xi)]^2,$$

其中 $E(\xi^2)=x_1^2 p_1+x_2^2 p_2+x_3^2 p_3+\cdots+x_n^2 p_n$．

10．离散型随机变量 ξ 的均值可以反映出随机变量 ξ 取值的平均水平，方差可以反映出随机变量 ξ 围绕均值的波动情况．

11．$D(\xi)$ 的算术平方根 $\sqrt{D(\xi)}$ 叫做离散型随机变量 ξ 的标准差，它也是一个衡量离散型随机变量波动大小的量．

【教材习题解析】

习题 3.3

1. 在下列随机试验中，选择随机变量，并指出随机变量的所有可能取值.

（1）抛掷均匀硬币一次；

（2）从含有 2 件次品的 10 件产品中，选取 3 件产品.

解答 （1）设抛掷均匀硬币一次，正面（或反面）向上的次数为随机变量 ξ，则随机变量 ξ 的可能取值有 0，1.

（2）设选取的 3 件产品中的次品数为随机变量 ξ，则随机变量 ξ 的可能取值有 0，1，2；设选取的 3 件产品中的正品数为随机变量 ξ，则随机变量 ξ 的可能取值有 1，2，3.

2. 表 3-2 和表 3-3 是否可作为某个随机变量的分布列？为什么？

表 3-2

ξ	1	3	5	7
P	0.2	0.2	0.5	0.2

表 3-3

ξ	−1	0	1	2
P	−0.2	0.3	0.1	0.8

解答 因为表 3-2 的概率之和为 1.1，所以表 3-2 不能作为某个随机变量的分布列；因为 $\xi = -1$ 的概率为 –0.2，是一个负值，所以表 3-3 也不能作为某个随机变量的分布列.

3. 掷一颗骰子，求掷出的点数 ξ 的概率分布.

解答 随机变量 ξ 的可能取值有 1，2，3，4，5，6，并且

$$P(\xi=1)=\frac{1}{6},\ P(\xi=2)=\frac{1}{6},\ P(\xi=3)=\frac{1}{6},$$

$$P(\xi=4)=\frac{1}{6},\ P(\xi=5)=\frac{1}{6},\ P(\xi=6)=\frac{1}{6},$$

所以随机变量 ξ 的概率分布如表 3-4 所示.

表 3-4

ξ	1	2	3	4	5	6
P	$\frac{1}{6}$	$\frac{1}{6}$	$\frac{1}{6}$	$\frac{1}{6}$	$\frac{1}{6}$	$\frac{1}{6}$

4. 在含有 5 件次品的 100 件产品中任取 3 件，求取到的次品数 ξ 的概率分布.

解答 随机变量 ξ 的可能取值有 0，1，2，3，并且

$$P(\xi=0)=\frac{C_5^0 C_{95}^3}{C_{100}^3}, \quad P(\xi=1)=\frac{C_5^1 C_{95}^2}{C_{100}^3},$$

$$P(\xi=2)=\frac{C_5^2 C_{95}^1}{C_{100}^3}, \quad P(\xi=3)=\frac{C_5^3 C_{95}^0}{C_{100}^3},$$

所以随机变量 ξ 的概率分布如表 3-5 所示.

表 3-5

ξ	0	1	2	3
P	$\dfrac{C_5^0 C_{95}^3}{C_{100}^3}$	$\dfrac{C_5^1 C_{95}^2}{C_{100}^3}$	$\dfrac{C_5^2 C_{95}^1}{C_{100}^3}$	$\dfrac{C_5^3 C_{95}^0}{C_{100}^3}$

5. 篮球运动员在比赛中每次罚球命中得 1 分，不中得 0 分．已知某运动员罚球命中的概率为 0.7，求：

（1）他罚球一次得分 ξ 的概率分布；

（2）他罚球一次得分 ξ 的均值.

解答 （1）由于只能出现"命中"和"不中"两种结果，所以随机变量 ξ 的可能取值只有 0 和 1，且

$$P(\xi=0)=0.3, \quad P(\xi=1)=0.7,$$

所以随机变量 ξ 的概率分布如表 3-6 所示.

表 3-6

ξ	0	1
P	0.3	0.7

（2）因

$$E(\xi)=0\times 0.3+1\times 0.7=0.7,$$

故随机变量 ξ 的均值为 0.7.

6. 已知离散型随机变量 ξ 的概率分布如表 3-7 所示，求随机变量 ξ 的均值和方差.

表 3-7

ξ	1	2	3
P	$\dfrac{1}{2}$	$\dfrac{1}{3}$	$\dfrac{1}{6}$

解答 随机变量 ξ 的均值为
$$E(\xi) = 1 \times \frac{1}{2} + 2 \times \frac{1}{3} + 3 \times \frac{1}{6} = \frac{5}{3}.$$

因
$$E(\xi^2) = 1^2 \times \frac{1}{2} + 2^2 \times \frac{1}{3} + 3^2 \times \frac{1}{6} = \frac{10}{3},$$

所以随机变量 ξ 的方差为
$$D(\xi) = E(\xi^2) - [E(\xi)]^2 = \frac{10}{3} - \left(\frac{5}{3}\right)^2 = \frac{5}{9}.$$

7. 一批产品中含有一、二、三等品，等外品及废品．生产这批产品时，这 5 等产品相应的概率依次为 0.7，0.1，0.1，0.06 和 0.04，如果其产值分别为 6 元、5.4 元、5 元、4 元和 0 元，求产品的平均产值．

解答 设产品的产值为随机变量 ξ，则其可能取值为 0，4，5，5.4，6，且
$$P(\xi = 0) = 0.04, \quad P(\xi = 4) = 0.06,$$
$$P(\xi = 5) = 0.1, \quad P(\xi = 5.4) = 0.1, \quad P(\xi = 6) = 0.7,$$
所以随机变量 ξ 的概率分布如表 3-8 所示．

表 3-8

ξ	0	4	5	5.4	6
P	0.04	0.06	0.1	0.1	0.7

于是，
$$E(\xi) = 0 \times 0.04 + 4 \times 0.06 + 5 \times 0.1 + 5.4 \times 0.1 + 6 \times 0.7 = 5.48,$$
故产品的平均产值为 5.48 元．

8. 随机抛掷一枚质地均匀的骰子，求向上一面的点数 ξ 的均值、方差和标准差．

解答 随机变量 ξ 的可能取值有 1，2，3，4，5，6，并且
$$P(\xi = 1) = \frac{1}{6}, \quad P(\xi = 2) = \frac{1}{6}, \quad P(\xi = 3) = \frac{1}{6},$$
$$P(\xi = 4) = \frac{1}{6}, \quad P(\xi = 5) = \frac{1}{6}, \quad P(\xi = 6) = \frac{1}{6},$$
所以随机变量 ξ 的概率分布如表 3-9 所示．

表 3-9

ξ	1	2	3	4	5	6
P	$\dfrac{1}{6}$	$\dfrac{1}{6}$	$\dfrac{1}{6}$	$\dfrac{1}{6}$	$\dfrac{1}{6}$	$\dfrac{1}{6}$

于是，点数 ξ 的均值为

$$E(\xi)=1\times\frac{1}{6}+2\times\frac{1}{6}+3\times\frac{1}{6}+4\times\frac{1}{6}+5\times\frac{1}{6}+6\times\frac{1}{6}=\frac{7}{2}.$$

因

$$E(\xi^2)=1^2\times\frac{1}{6}+2^2\times\frac{1}{6}+3^2\times\frac{1}{6}+4^2\times\frac{1}{6}+5^2\times\frac{1}{6}+6^2\times\frac{1}{6}=\frac{91}{6},$$

所以点数 ξ 的方差为

$$D(\xi)=E(\xi^2)-[E(\xi)]^2=\frac{91}{6}-(\frac{7}{2})^2=\frac{35}{12}.$$

点数 ξ 的标准差为

$$\sqrt{D(\xi)}=\sqrt{\frac{35}{12}}\approx 1.71.$$

【自我检测题】

检 测 题 3.3

1．填空题

（1）已知 $\xi=2X$ 为离散型随机变量，X 的取值为 1，2，3，4，5，则 ξ 的取值为_____．

（2）一袋中装有 5 只同样大小的白球，编号为 1，2，3，4，5，现从该袋中随机取出 3 只球，被取出的球的最大号码数的可能取值为_____．

（3）离散型随机变量的均值 $E(\xi)=$ _____，它反映随机变量取值的平均水平；离散型随机变量的方差 $D(\xi)=$ _____，它反映随机变量取值的稳定与波动情况．

（4）随机变量 ξ 的概率分布如表 3-10 所示，则 $E(\xi)=$ _____，$D(\xi)=$ _____．

表3-10

ξ	-1	0	1
P	0.5	0.3	0.2

2．选择题

（1）下列问题中，ξ 是离散型随机变量的是（　　）．

① 某座大桥一天经过的车辆数为 ξ；

② 某无线寻呼台一天内收到寻呼的次数 ξ；

③ 一天之内的温度为 ξ；

④ 一个射手对目标进行射击，击中目标得1分，未击中目标得0分，用 ξ 表示该射手在一次射击中的分数．

　　A．①②③　　B．①②④　　C．①③④　　D．②③④

（2）袋中有大小相同的5个钢球，分别标有1，2，3，4，5五个号码，在有放回地抽取条件下，依次抽出2个球，设两个球的号码之和为随机变量 ξ，则 ξ 所有可能取值的个数为（　　）．

　　A．25　　　B．10　　　C．9　　　D．5

（3）袋中有2个黑球和6个红球，从中任取2个，则可以作为随机变量的是（　　）．

　　A．取到的球的个数　　　　B．取到红球的个数

　　C．至少取到一个红球　　　D．至少取到一个红球的概率

（4）投掷2枚骰子，所得点数之和记为 ξ，那么 $\xi=4$ 表示的随机试验结果是（　　）．

　　A．1颗是3点，1颗是1点　　　B．2颗都是2点

　　C．2颗都是4点　　　　　　　D．1颗是3点，1颗是1点或2颗都是2点

（5）已知某运动员投篮命中率为 $p=0.6$，若该运动员进行一次投篮，命中次数为 ξ，则 $E(\xi)=$（　　）．

　　A．0.6　　　B．0.4　　　C．0.24　　　D．0.36

（6）设一随机试验的结果只有 A 和 $\overline{A}$，且 $P(A)=m$，令随机变量 $\xi=\begin{cases}1, & A发生\\0, & \overline{A}不发生\end{cases}$，则 $D(\xi)=$（　　）．

　　A．m　　　B．$2m(1-m)$　　　C．$m(m-1)$　　　D．$m(1-m)$

3. 从编号为 1，2，…，9，10 的 10 个大小相同的球中任取 1 个球，求所取球的号码的概率分布．

4. 已知表 3-11 为某离散型随机变量 ξ 的概率分布，试确定表中字母 m 的值．

表 3-11

ξ	0	4	5	5.4	6
P	0.3	0.22	m	0.12	0.02

5. 写出下列随机试验中，随机变量 ξ 的概率分布．

（1）从含有 2 件次品的 10 件产品中任选 3 件，取得正品的件数为 ξ；

（2）从含有 2 件次品的 10 件产品中任选 3 件，取得次品的件数为 ξ.

6. 某小组有 6 名男生和 4 名女生，任选 4 人去参观展览，求所选 4 个人中女生数目 ξ 的概率分布.

7. 某商店购进一批西瓜，预计晴天西瓜畅销，可获利 1 000 元，阴天销路一般，可获利 500 元，下雨天西瓜滞销，这时将亏损 500 元．根据天气预报，未来数日晴天的概率为 0.4，阴天的概率为 0.2，下雨的概率为 0.4，试写出销售这批西瓜获利 ξ 的概率分布.

8. 已知离散性随机变量 ξ 的概率分布如表 3-12 所示，求随机变量 ξ 的均值和方差.

表 3-12

ξ	-2	-1	0	1
P	$\dfrac{1}{4}$	$\dfrac{1}{3}$	$\dfrac{1}{12}$	$\dfrac{1}{3}$

9. 从装有 3 个白球和 2 个黑球的布袋中摸取 1 个球，有放回地摸取 5 次，求摸得白球的个数 ξ 的均值和方差.

10. 某商店销售某种水果，进货后第一天售出的概率为 60%，每 500 g 的毛利为 6 元；第二天售出的概率为 30%，每 500 g 的毛利为 2 元；第三天售出的概率为 10%，每 500 g 的毛利为 -1 元，设每 500 g 所得毛利为随机变量 ξ，求均值 $E(\xi)$ 和方差 $D(\xi)$.

3.4 二项分布

【重点与难点辅导】

1. 一般地，在相同的条件下，重复进行 n 次试验，如果每次试验的结果与其他各次试验的结果无关，那么这 n 次重复试验叫做 n 次独立重复试验.

2. 一般地，在 n 次独立试验中，如果每次试验的可能结果只有两个，且它们相互独立，即只考虑两个事件 A 和 $\overline{A}$，并且在每次实验中，事件 A 发生的概率都不变，这样的 n 次独立试验叫做 n 次伯努利试验.

3. 如果在每次试验中，事件 A 发生的概率为 $P(A)=p(0<p<1)$，事件 A 不发生的概率为 $P(\overline{A})=1-p$，那么，在 n 次伯努利试验中，随机变量 ξ 为事件 A 发生的次数，则 ξ 的可能取值为 $0，1，2，\cdots，n$，事件 A 恰好发生 k 次的概率为

$$P_n(\xi=k)=C_n^k p^k (1-p)^{n-k}.$$

上述公式叫做伯努利公式，其中 $k=0，1，2，\cdots，n$.

4. 一般地，如果在一次试验中事件 A 发生的概率为 p，随机变量 ξ 为 n 次独立试验中事件 A 发生的次数，那么随机变量 ξ 的概率分如表 3-13 所示.

表 3-13

ξ	0	1	$\cdots$	k	$\cdots$	n
P	$C_n^0 p^0 (1-p)^n$	$C_n^1 p^1 (1-p)^{n-1}$	$\cdots$	$C_n^k p^k (1-p)^{n-k}$	$\cdots$	$C_n^n p^n (1-p)^0$

其中，$0<p<1$，$k=0，1，2，\cdots，n$.

通常将这种形式的离散型随机变量 ξ 的概率分布叫做二项分布，并称随机变量 ξ 服从参数为 n 和 p 的二项分布，记作 $\xi \sim B(n,p)$.

5. 二项分布中的各个概率值，在形式上依次是二项式 $[(1-p)+p]^n$ 的展开式中的各项，第 $k+1$ 项 T_{k+1} 为

$$P(\xi=k)=C_n^k p^k (1-p)^{n-k}.$$

6. 在产品抽样检验中，如果抽样是有放回的，那么抽取 n 件检验，就相当于做 n 次独立重复试验，因此，在有放回的抽样检验中抽出的 n 件产品中所含次品数 ξ 的概率分布是二项分布. 当产品的数量相当大且抽取产品数目又很小时，可以将不放回抽取近似看作有放回抽取，应用二项分布得到结果.

7. 如果 $\xi \sim B(n,p)$，则 $E(\xi)=np$，$D(\xi)=np(1-p)$.

【教材习题解析】

习 题 3.4

1. 口袋里有 4 个红球和 2 个白球, 每次任取 1 个球, 有放回地取 4 次, 求恰好有 3 次取得红球的概率.

解答 由于是有放回地抽取, 所以 4 次抽取是相互独立的, 且是在相同条件下进行的重复试验. 每次抽取时, 取到红球的概率都是 $p = \dfrac{2}{3}$, 取到白球的概率都是 $\dfrac{1}{3}$.

取 4 次球相当于做 4 次独立重复试验, 设取得红球的次数为 ξ, 则 $\xi \sim B(4, \dfrac{2}{3})$.

事件 $\xi = 3$ 表示抽取 4 次所取到的球恰好有 3 个红球, 其概率为

$$P_4(\xi=3) = C_4^3 p^3 (1-p)^{4-3} = 4 \times (\dfrac{2}{3})^3 \times \dfrac{1}{3} = \dfrac{32}{81}.$$

因此, 4 次抽取中恰好有 3 个红球的概率为 $\dfrac{32}{81}$.

2. 已知事件 A 在一次试验中发生的概率为 0.7, 求在 4 次独立重复试验中, 事件 A 恰好发生 2 次的概率.

解答 在 4 次独立重复试验中, 设事件 A 发生的次数为 ξ, 则 $\xi \sim B(4, 0.7)$.

事件 $\xi = 2$ 表示在 4 次独立重复试验中, 事件 A 恰好发生 2 次, 其概率为

$$P_4(\xi=2) = C_4^2 p^2 (1-p)^{4-2} = 4 \times 0.7^2 \times (1-0.7)^2 = \dfrac{441}{2500}.$$

因此, 求在 4 次独立重复试验中, 事件 A 恰好发生 2 次的概率为 $\dfrac{441}{2500}$.

3. 某气象站天气预报的准确率为 0.8, 计算:
（1）5 次预报中恰有 4 次准确的概率；
（2）5 次预报中至少有 4 次准确的概率.（结果保留两位有效数字）

解答 预报 5 次相当于做 5 次独立重复试验, 设天气预报准确的次数为 ξ, 则 $\xi \sim B(5, 0.8)$.

（1）事件 $\xi = 4$ 表示在 5 次预报中恰有 4 次准确, 其概率为

$$P_5(\xi=4) = C_5^4 p^4 (1-p)^{5-4} = 5 \times 0.8^4 \times (1-0.8) \approx 0.41.$$

因此, 5 次预报中恰有 4 次准确的概率为 0.41.

（2）5 次预报中至少有 4 次准确的概率是恰有 4 次预报准确的概率和恰有 5 次预报准确的概率的和，即

$$P = P_5(\xi = 4) + P_5(\xi = 5)$$
$$= C_5^4 \times 0.8^4 \times (1-0.8)^{5-4} + C_5^5 \times 0.8^5 \times (1-0.8)^{5-5}$$
$$\approx 0.41 + 0.33$$
$$= 0.74.$$

因此，5 次预报中至少有 4 次准确的概率为 0.74．

4．生产某种零件，出现次品的概率为 0.4，现要生产 4 件这种零件，求：

（1）其中恰有 1 件次品的概率；

（2）至多有 1 件次品的概率．（结果保留两位有效数字）

解答　生产 4 件零件相当于做 4 次独立重复试验，设这 4 件零件中的次品数为 ξ，则 $\xi \sim B(4, 0.4)$．

（1）事件 $\xi = 1$ 表示 4 件零件中恰有 1 件次品，其概率为

$$P_4(\xi = 1) = C_4^1 p^1 (1-p)^{4-1} = 4 \times 0.4 \times (1-0.4)^3 = \frac{216}{625}.$$

因此，其中恰有 1 件次品的概率为 $\frac{216}{625}$．

（2）至多有 1 件次品的概率是恰有 1 件次品的概率和没有次品的概率的和，即

$$P = P_4(\xi = 1) + P_4(\xi = 0)$$
$$= C_4^1 \times 0.4^1 \times (1-0.4)^{4-1} + C_4^0 \times 0.4^0 \times (1-0.4)^{4-0}$$
$$= \frac{216}{625} + \frac{81}{625}$$
$$= \frac{297}{625}.$$

因此，至多有 1 件次品的概率为 $\frac{297}{625}$．

5．篮球运动员在比赛中每次罚球命中得 1 分，不中得 0 分．已知某运动员罚球命中的概率为 0.7，求他罚球 2 次得分 ξ 的概率分布．

解答　设运动员罚球 2 次的得分为 ξ，则 ξ 的取值可能为 0，1，2．

记 $A = \{罚球命中\}$，则 $\overline{A} = \{罚球不中\}$．由于每次罚球是否命中是相互独立的，所以

$$P(A) = 0.7, \quad P(\overline{A}) = 1 - 0.7 = 0.3,$$

且随机变量 $\xi \sim B(2, 0.7)$．

因
$$P_2(\xi=0) = C_2^0 \times 0.7^0 \times (1-0.7)^{2-0} = 0.09,$$
$$P_2(\xi=1) = C_2^1 \times 0.7^1 \times (1-0.7)^{2-1} = 0.42,$$
$$P_2(\xi=2) = C_2^2 \times 0.7^2 \times (1-0.7)^{2-2} = 0.49,$$
所以罚球 2 次得分 ξ 的概率分布如表 3-14 所示.

表 3-14

ξ	0	1	2
P	0.09	0.42	0.49

6. 某炮兵向同一个目标开了 3 炮,每次击中目标的概率均为 0.5,求击中目标的次数 ξ 的概率分布,并求出其均值与方差.

解答 向同一个目标开了 3 炮相当于做 3 次独立重复试验,设击中目标的次数为 ξ,则 $\xi \sim B(3, 0.5)$.

因
$$P_3(\xi=0) = C_3^0 \times 0.5^0 \times (1-0.5)^{3-0} = 0.125,$$
$$P_3(\xi=1) = C_3^1 \times 0.5^1 \times (1-0.5)^{3-1} = 0.375,$$
$$P_3(\xi=2) = C_3^2 \times 0.5^2 \times (1-0.5)^{3-2} = 0.375,$$
$$P_3(\xi=3) = C_3^3 \times 0.5^3 \times (1-0.5)^{3-3} = 0.125,$$
所以罚球 2 次得分 ξ 的概率分布如表 3-15 所示.

表 3-15

ξ	0	1	2	3
P	0.125	0.375	0.375	0.125

均值为
$$E(\xi) = np = 3 \times 0.5 = 1.5.$$
方差为
$$D(\xi) = np(1-p) = 3 \times 0.5 \times (1-0.5) = 0.75.$$

7. 将一枚均匀的硬币投掷 6 次,求:

(1) 恰好出现 2 次正面的概率;

(2) 至少出现 5 次正面的概率;

(3) 出现正面次数的均值;

（4）出现正面次数的方差.

解答 将一枚均匀的硬币投掷6次相当于做6次独立重复试验,设出现正面的次数为ξ,则$\xi \sim B(6, 0.5)$.

（1）事件$\xi = 2$表示投掷6次,恰好出现2次正面,其概率为

$$P_6(\xi = 2) = C_6^2 p^2 (1-p)^{6-2} = 15 \times 0.5^2 \times (1-0.5)^4 = \frac{15}{64}.$$

因此,恰好出现2次正面的概率为$\frac{15}{64}$.

（2）至少出现5次正面的概率是恰有出现5次正面的概率和恰有出现6次正面的概率的和,即

$$\begin{aligned} P &= P_6(\xi = 5) + P_6(\xi = 6) \\ &= C_6^5 \times 0.5^5 \times (1-0.5)^{6-5} + C_6^6 \times 0.5^6 \times (1-0.5)^{6-0} \\ &= \frac{3}{32} + \frac{1}{64} \\ &= \frac{7}{64}. \end{aligned}$$

因此,至少出现5次正面的概率为$\frac{7}{64}$.

（3）$E(\xi) = np = 6 \times 0.5 = 3$.

（4）$D(\xi) = np(1-p) = 6 \times 0.5 \times (1-0.5) = 1.5$.

【自我检测题】

检 测 题 3.4

1．填空题

（1）在100件产品中有4件次品.

① 从中抽2件,则2件都是次品的概率是_____;

② 从中抽2次,不放回抽取,每次取1件,则两次都抽出次品的概率是_____;

③ 从中抽2次,有放回地抽取,每次取1件,则两次都抽出次品的概率是_____.

（2）某一试验中事件A发生的概率为p,则在n次这样的试验中,事件A发生k次的概率为_____.

（3）将 1 枚硬币连续抛掷 5 次，如果出现 k 次正面的概率与出现 $k+1$ 次正面的概率相同，则 k 的值是_____.

（4）下列例子中，随机变量 ξ 服从二项分布的有_____.

① 随机变量 ξ 表示重复抛掷一枚骰子 n 次中出现点数是 3 的倍数的次数；

② 某射手击中目标的概率为 0.9，从开始射击到击中目标所需的射击次数 ξ；

③ 有一批产品共有 N 件，其中 M 件为次品，采用有放回抽取方法，ξ 表示 n 次抽取中出现次品的件数（$M<N$）；

④ 有一批产品共有 N 件，其中 M 件为次品，采用不放回抽取方法，ξ 表示 n 次抽取中出现次品的件数（$M<N$）.

（5）已知随机变量 $\xi \sim B(6,0.5)$，则 $P(\xi=2)=$_____.

2．某批花生种子，如果每 1 粒发芽的概率为 $\dfrac{4}{5}$，求播下 4 粒种子恰好有 2 粒发芽的概率．

3．口袋里有 3 个红球和 2 个白球，每次任取 1 个球，有放回地取 3 次，求恰好有 2 次取得白球的概率．

4. 某人参加一次考试，4 道题中解对 3 道即为及格，已知他的解题正确率为 0.4，则他能及格的概率是多少？

5. 在 4 次独立重复试验中，事件 A 发生的概率相同，若事件 A 至少发生 1 次的概率为 $\dfrac{65}{81}$，则事件 A 在 1 次试验中发生的概率是多少？

6. 某射手射击 1 次，击中目标的概率是 0.9，他连续射击 4 次，且他各次射击是否击中目标相互之间没有影响．

（1）他第 3 次击中目标的概率；

（2）他恰好击中目标 3 次的概率；

（3）他至少击中目标 1 次的概率．

7. 将一枚硬币抛掷 6 次，求正面出现的次数比反面出现的次数多的概率．

8. 车间有 9 个工人在独立工作，且他们间歇地使用电力，每人每个小时内需要用电的概率为 0.2，求 1 小时内至少有 7 个人需要用电的概率．

9. 按规定，某种型号的电子元件的使用寿命超过 1 500 小时为一级品．已知某大批产品的一级品率为 0.2，先从中随机抽取 10 只，设 10 只元件中一级品的个数为随机变量 ξ，求其概率分布．

10. 某车间只有 5 台机床,每台机床开动时所消耗的电功率都是 15 个单位,每台机床开动的概率都是 $\dfrac{2}{3}$,且各台机床开动与否是相互独立的,求:

（1）这个车间消耗电功率恰好为 60 个单位的概率；

（2）这个车间消耗电功率最多为 30 个单位的概率；

（3）同时开动机床数的均值；

（4）同时开动机床数的方差.

3.5 正态分布

【重点与难点辅导】

1. 作频率分布直方图时,样本容量越大,所分组数会相应增多,频率分布直方图中的小矩形就越窄. 设想如果样本容量无限增大,且分组的组距无限缩小,那么频率分布直方图中所有的小矩形的上端会无限地接近于一条光滑曲线 $y=f(x)$,我们把这条曲线叫做概率密度曲线,这条曲线对应的函数 $y=f(x)$ 叫做随机变量 ξ 的概率密度函数.

2. 如果随机变量 ξ 的概率密度函数为

$$f(x)=\dfrac{1}{\sqrt{2\pi}\sigma}e^{-\dfrac{(x-\mu)^2}{2\sigma^2}}\ (-\infty<x<+\infty),$$

其中,μ,σ 为常数,且 $\sigma>0$,则称 ξ 服从参数为 μ,σ^2 的正态分布,简记 $\xi\sim N(\mu,\sigma^2)$,此时 ξ 的密度曲线称为正态曲线,ξ 称为正态随机变量.

3. 正态曲线具有以下性质：

(1) 曲线位于 x 轴的上方，且关于直线 $x=\mu$ 对称；

(2) 曲线在 $x=\mu$ 时处于最高点，由这点向左、右两边延伸时，曲线逐渐降低，呈现"中间高、两头低"的形状；

(3) 曲线形状由 σ 确定，σ 越大，曲线越"矮胖"；σ 越小，曲线越"高瘦".

4. 在参数为 μ，σ^2 的正态分布中，μ 为随机变量的均值，σ^2 为随机变量的方差，σ 为随机变量的标准差.

5. $\mu=0$，$\sigma=1$ 的正态分布叫做标准正态分布，简记为 $\xi \sim N(0,1)$. 标准正态分布的概率密度函数为

$$\varphi(x) = \frac{1}{\sqrt{2\pi}} e^{-\frac{1}{2}x^2} \quad (-\infty < x < +\infty),$$

其相应的曲线叫做标准正态曲线.

6. 利用标准正态分布表（见教材附录）可以计算出服从标准正态分布的随机变量，计算公式为

$$P(\xi < a) = P(\xi \leqslant a) = \Phi(a),$$

$$P(\xi > a) = P(\xi \geqslant a) = 1 - \Phi(a),$$

$$P(a < \xi < b) = P(a \leqslant \xi \leqslant b) = P(a \leqslant \xi < b) = P(a < \xi \leqslant b) = \Phi(b) - \Phi(a).$$

在计算过程中经常会用到：$\Phi(-x_0) = 1 - \Phi(x_0)$.

7. 当 $\xi \sim N(\mu, \sigma^2)$ 时，$P(\xi < x) = \Phi(\frac{x-\mu}{\sigma})$，故

$$P(a < \xi < b) = \Phi(\frac{b-\mu}{\sigma}) - \Phi(\frac{a-\mu}{\sigma}).$$

8. 正态随机变量在区间 $(\mu-2\sigma, \mu+2\sigma)$ 以外取值的概率小于 4.6%，在区间 $(\mu-3\sigma, \mu+3\sigma)$ 以外取值的概率小于 0.3%. 由于这些概率的值很小，通常称这类事件为小概率事件. 一般认为，小概率事件在一次实验中几乎是不可能发生的.

【教材习题解析】

习　题　3.5

1. 某厂生产某种型号的零件，设零件的质量 $\xi \sim N(64,9)$（单位：g），指出 ξ 的均值与方差.

解答 因 $\xi \sim N(64,9)$，所以 ξ 的均值为 64，方差为 3.

2. 已知随机变量 $\xi \sim N(0,1)$，利用标准正态分布表，求随机变量 ξ 在下列区间内取值的概率.

（1）$(-0.5, 1.5)$；　　　　　　　（2）$(-1.96, 1.96)$.

解答　（1）因 $\xi \sim N(64,9)$，所以

$$\begin{aligned}P(-0.5 < \xi < 1.5) &= \Phi(1.5) - \Phi(-0.5) \\ &= \Phi(1.5) - [1 - \Phi(0.5)] \\ &= \Phi(1.5) + \Phi(0.5) - 1 \\ &= 0.624\,7.\end{aligned}$$

（2）因 $\xi \sim N(64,9)$，所以

$$\begin{aligned}P(-1.96 < \xi < 1.96) &= \Phi(1.96) - \Phi(-1.96) \\ &= \Phi(1.96) - [1 - \Phi(1.96)] \\ &= 2\Phi(1.96) - 1 \\ &= 0.950\,0.\end{aligned}$$

3. 已知随机变量 $\xi \sim N(3,9)$，利用标准正态分布表，求随机变量 ξ 在下列区间内取值的概率.

（1）$(3,4)$；　　　　　　　　　（2）$(2,5)$.

解答　（1）因 $\mu = 3$，$\sigma = 3$，所以

$$\begin{aligned}P(3 < \xi < 4) &= \Phi\left(\frac{4-3}{3}\right) - \Phi\left(\frac{3-3}{3}\right) \\ &= \Phi(0.33) - \Phi(0) \\ &= 0.129\,3.\end{aligned}$$

（2）因 $\mu = 3$，$\sigma = 3$，所以

$$\begin{aligned}P(2 < \xi < 5) &= \Phi\left(\frac{5-3}{3}\right) - \Phi\left(\frac{2-3}{3}\right) \\ &= \Phi(0.67) - \Phi(-0.33) \\ &= \Phi(0.67) + \Phi(0.33) - 1 \\ &= 0.377\,9.\end{aligned}$$

4. 某批袋装大米的质量 $\xi \sim N(10, 0.01)$（单位：kg）. 任选一袋大米，它的质量在 9.8 kg～10.2 kg 之间的概率是多少？

解答　由于大米质量 $\xi \sim N(10, 0.01)$，所以

$$P(9.8<\xi<10.2)=\varPhi(\frac{10.2-10}{0.1})-\varPhi(\frac{9.8-10}{0.1})$$
$$=\varPhi(2)-\varPhi(-2)$$
$$=2\varPhi(2)-1$$
$$=0.9544.$$

因此，大米的质量在 9.8 kg~10.2 kg 之间的概率是 0.9544.

5．一批白炽灯泡的光通量 $\xi\sim N(209,6.5^2)$，如果有这样一批灯泡 10 000 个，试估计光通量在下列范围内的灯泡的个数.

（1）$(209-2\times6.5,209+2\times6.5)$；

（2）$(209-3\times6.5,209+3\times6.5)$．

解答　（1）因 $\xi\sim N(209,6.5^2)$，而 ξ 在区间 $(209-2\times6.5,209+2\times6.5)$，即 $(196,222)$ 内取值的概率为 0.9546，故光通量在此范围内的灯泡的个数为

$$10\,000\times0.9546=9546\,(\text{个}).$$

因此，光通量在 $(209-2\times6.5,209+2\times6.5)$ 范围内的灯泡的个数为 9546 个.

（2）因 $\xi\sim N(209,6.5^2)$，而 ξ 在区间 $(209-3\times6.5,209+3\times6.5)$，即 $(189.5,228.5)$ 内取值的概率为 0.9974，故光通量在此范围内的灯泡的个数为

$$10\,000\times0.9974=9974\,(\text{个}).$$

因此，光通量在 $(209-3\times6.5,209+3\times6.5)$ 范围内的灯泡的个数为 9974 个.

【自我检测题】

检 测 题 3.5

1．选择题

（1）在正态曲线下方、x 轴上方，从直线 $x=\mu$ 到 $+\infty$ 的区域面积为（　　）.

  A．95%　　　　　　　　　　B．50%

  C．97.5%　　　　　　　　　　D．不能确定（与标准差大小有关）

（2）正态分布有两个参数 μ 和 σ，（　　）相应的正态曲线的形状越扁平.

  A．μ 越大　　　　　　　　　B．μ 越小

  C．σ 越大　　　　　　　　　D．σ 越小

（3）标准正态分布的均值与标准差分别为（　　）.

  A．0 与 1　　B．1 与 0　　C．0 与 0　　D．1 与 1

（4）已知 $\xi \sim N(\mu, \sigma^2)$，那么下面变量（　　）服从标准正态分布.

A. ξ　　　　B. $\xi - \mu$　　　　C. $\dfrac{\xi + \mu}{\sigma}$　　　　D. $\dfrac{\xi - \mu}{\sigma}$

2. 已知随机变量 $\xi \sim N(0,1)$，求：

（1）$P(0 < \xi < 3)$；　　　　　　（2）$P(\xi < 0.5)$；

（3）$P(\xi > -0.2)$；　　　　　　（4）$P(|\xi| < 1)$.

3. 已知随机变量 $\xi \sim N(0,1)$，求：

（1）$P(0 < \xi \leqslant 0.2)$；　　　　　　（2）$P(-1 \leqslant \xi < 0.5)$.

4. 已知随机变量 $\xi \sim N(1.6, 4)$，求：

（1）$P(\xi \leqslant 6.8)$； （2）$P(\xi > 2)$；

（3）$P(\xi < -3)$； （4）$P(|\xi| < 2)$．

5. 某班有 48 名同学，一次考试后的数学成绩服从正态分布，平均分为 80，标准差为 10，理论上说，成绩在 80 分到 90 分的人数有多少？

6. 某大学男生的体重 ξ（单位：kg）服从参数 $\mu = 58$，$\sigma = 2$ 的正态分布，从中任选 1 位男生，求这位学生体重在 55 kg～60 kg 之间的概率．

7. 已知某车间工人完成某道工序的时间 $\xi \sim N(10, 9)$（单位：min），求：

（1）从该车间工人中任选一人，其完成该道工序的时间至少为 7 min 的概率；

（2）为了保证生产连续进行，要求以 95% 的概率保证该道工序上工人完成工作时间不超过 15 min，这个要求能否得到满足？

8. 某批零件的长度 ξ（单位：cm）服从参数 $\mu = 50$，$\sigma^2 = 0.75^2$ 的正态分布，规定长度在 50 ± 1.2 cm 之间的零件为合格品，从中抽取 1 个零件，求这个产品为合格品的概率.

9. 某工厂加工零件的直径 $\xi \sim N(8, 0.15^2)$（单位：mm），分别从该厂上、下午生产的零件中各随机取出一个，测它们的外直径尺寸分别为 7.9 mm 和 7.5 mm，于是，认为上午生产情况是正常的，下午生产情况是异常的，这个结论是否正确？并说明理由.

教材复习题解析

复习题 3

1. 填空题

（1）从参加乒乓球比赛的 5 名运动员中选出 3 名，并按排定的顺序出场比赛，有_____种不同的方法．

（2）学校开设了 6 门选修课，要求每个学生从中选学 3 门，共有_____种不同的选法．

（3）从 8 名男生和 4 名女生中，选出 4 名学生做运动会的服务人员，其中最多含 2 名女生的选法共有_____种．

（4）在 $(x^2 - \dfrac{1}{2x})^6$ 的展开式中，第 2 项的二项式系数为_____，系数为_____．

（5）某射手射击一次击中目标的概率为 0.9，先射击 4 次，恰好击中 3 次的概率是_____．

（6）某随机变量 $\xi \sim B(1, 0.5)$，其均值为____，方差为____．

（7）某随机变量 $\xi \sim N(20, 9)$，其均值为____，方差为____．

（8）若 $\xi \sim N(3, 6)$，且 $P(\xi \leqslant c) = P(\xi > c)$，则 c 的值为____．

解答 （1）60； （2）20； （3）462； （4）6，-3； （5）0.291 6； （6）0.5，0.25； （7）20，3； （8）0．

2. 选择题

（1）从 6 名医生和 3 名护士中选出 3 名医生和 2 名护士分别参加 5 个不同的医疗队，不同的分配方法的种数为（　　）．

A．$C_6^3 C_3^2 A_5^5$ B．$5 C_6^3 C_3^2$

C．$A_6^3 A_3^2$ D．$C_6^3 C_3^2$

（2）5 个身高不同的学生排成一排合影留念，最高个子站中间，从中间到左边和从中间到右边一个比一个矮，则这样的排法共有（　　）．

A．6 种   B．8 种

C．12 种   D．16 种

(3) $(\dfrac{2}{\sqrt{x}}-\dfrac{\sqrt{x}}{6})^6$ 展开式中的第 2 项是（　　）.

  A．$-\dfrac{24}{x^2}$ B．$-\dfrac{32}{x^2}$ C．$\dfrac{15}{x}$ D．$\dfrac{25}{64}x^2$

(4) $(x-\sqrt{3})^{10}$ 的展开式中，含 x^6 项的系数为（　　）.

  A．$-27C_{10}^6$ B．$27C_{10}^6$ C．$-9C_{10}^6$ D．$9C_{10}^6$

(5) 若离散型随机变量 ξ 的概率分布如表 3-16 所示，则 $P(\xi=3)=$（　　）.

表 3-16

ξ	0	1	2	3	4	5	6
P	0.16	0.22	0.24		0.10	0.06	0.01

  A．0.17   B．0.20   C．0.21   D．0.22

(6) 如果随机变量 $\xi \sim N(3,1)$，则 $P(-1<\xi\leqslant 1)=$（　　）.

  A．$\varPhi(-4)-\varPhi(-2)$ B．$\varPhi(2)-\varPhi(4)$

  C．$\varPhi(4)-\varPhi(2)$ D．$2\varPhi(1)-1$

解答 （1）A；（2）A；（3）B；（4）D；（5）C；（6）C.

3．某小组有 3 名女生、4 名男生，从中选出 3 名代表，要求至少女生与男生各有 1 名，共有多少种不同的选法？（要求用两种方法求解）

解答 法一：3 名代表中至少女生与男生各有 1 名，可分为两类完成：

第一类，抽出的 3 人中有 1 人是女生，2 人是男生的选法有 $C_3^1 C_4^2$ 种；

第二类，抽出的 3 人中有 2 人是女生，1 人是男生的选法有 $C_3^2 C_4^1$ 种.

由分类加法计数原理可知，至少女生与男生各有 1 名的不同选法有

$$C_3^1 C_4^2 + C_3^2 C_4^1 = 18 + 12 = 30 (种).$$

法二：从 7 人中任选 3 人的选法种数减去全是男生的选法种数和全是女生的选法种数，就是至少女生与男生各有 1 名的选法种数，即

$$C_7^3 - C_4^3 - C_3^3 = 35 - 4 - 1 = 30 (种).$$

因此，共有 30 种不同的选法.

4．由 1，2，3，4，5 可以组成多少个没有重复数字的四位数？其中多少个数能够被 5 整除？

解答 本题为从 5 个不同元素中任取 4 个元素的排列问题，所以没有重复数字的四位数的个数为

$$A_5^4 = 5×4×3×2 = 120(个).$$

能被 5 整除的四位数,其个位数字为 5,其他 3 个数位的数字为从 1,2,3,4 中任取 3 个数字,组成这样的四位数的个数是

$$A_4^3 = 4×3×2×1 = 24(个).$$

因此,一共可以组成 120 个没有重复数字的四位数,其中能被 5 整除的四位数有 24 个.

5. 某车间生产的 100 件产品中,有 5 件是次品.先从中任取 3 件检验,抽取方法是每次取一件后放回,求被检验的产品中的次品数为随机变量 ξ 的概率分布.

解答 由于是有放回地抽取,所以 3 次抽取是相互独立的,且是在相同条件下进行的重复试验.每次抽取时,取到次品的概率都是 $p = 0.05$,取到正品的概率都是 0.95.

从 100 件产品中有放回地抽取 3 件相当于做 3 次独立重复试验,设取到次品的次数为 ξ,则 $\xi \sim B(3, 0.05)$.

因

$$P_3(\xi = 0) = C_3^0 × 0.05^0 × (1-0.05)^{3-0} = \frac{6\,859}{8\,000},$$

$$P_3(\xi = 1) = C_3^1 × 0.05^1 × (1-0.05)^{3-1} = \frac{1\,083}{8\,000},$$

$$P_3(\xi = 2) = C_3^2 × 0.05^2 × (1-0.05)^{3-2} = \frac{57}{8\,000},$$

$$P_3(\xi = 3) = C_3^3 × 0.05^3 × (1-0.05)^{3-3} = \frac{1}{8\,000},$$

所以被检验的产品中的次品数为随机变量 ξ 的概率分布如表 3-17 所示.

表 3-17

ξ	0	1	2	3
P	$\frac{6\,859}{8\,000}$	$\frac{1\,083}{8\,000}$	$\frac{57}{8\,000}$	$\frac{1}{8\,000}$

6. 设随机变量 ξ 的概率分布如表 3-18 所示.

表 3-18

ξ	1	2	3	4
P	$\frac{1}{3}$	$\frac{1}{4}$	m	$\frac{1}{12}$

（1）求 m 的值；

（2）求 $E(\xi)$；

（3）求 $D(\xi)$.

解答 （1）由表 3-18 可知

$$\frac{1}{3}+\frac{1}{4}+m+\frac{1}{12}=1,$$

解得

$$m=\frac{1}{3}.$$

（2）$E(\xi)=1\times\frac{1}{3}+2\times\frac{1}{4}+3\times\frac{1}{3}+4\times\frac{1}{12}=\frac{13}{6}$.

（3）因

$$E(\xi^2)=1^2\times\frac{1}{3}+2^2\times\frac{1}{4}+3^2\times\frac{1}{3}+4^2\times\frac{1}{12}=\frac{17}{3},$$

所以随机变量 ξ 的方差为

$$D(\xi)=E(\xi^2)-[E(\xi)]^2=\frac{17}{3}-(\frac{13}{6})^2=\frac{35}{36}.$$

7．一大批产品中，次品率为 0.1，从这批产品中任取 3 件进行检查，抽到的次品数用 ξ 表示，求：

（1）离散型随机变量 ξ 的概率分布；

（2）$P(\xi\geqslant 2)$.

解答 （1）因

$$P_3(\xi=0)=C_3^0\times 0.1^0\times(1-0.1)^{3-0}=0.729,$$
$$P_3(\xi=1)=C_3^1\times 0.1^1\times(1-0.1)^{3-1}=0.243,$$
$$P_3(\xi=2)=C_3^2\times 0.1^2\times(1-0.1)^{3-2}=0.027,$$
$$P_3(\xi=3)=C_3^3\times 0.1^3\times(1-0.1)^{3-3}=0.001,$$

所以离散型随机变量 ξ 的概率分布如表 3-19 所示.

表 3-19

ξ	0	1	2	3
P	0.729	0.243	0.027	0.001

(2) $P(\xi \geqslant 2) = P(\xi = 2) + P(\xi = 3) = 0.027 + 0.001 = 0.028$.

8．事件 A 在一次实验中发生的概率为 0.25，求 3 次独立重复试验中，事件 A 恰好发生 2 次的概率．

解答 在 3 次独立重复试验中，设事件 A 发生的次数为 ξ，则 $\xi \sim B(3, 0.25)$．

事件 $\xi = 2$ 表示在 3 次独立重复试验中，事件 A 恰好发生 2 次，其概率为

$$P_3(\xi = 2) = C_3^2 p^2 (1-p)^{3-2} = 3 \times 0.25^2 \times (1-0.25) = \frac{9}{64}.$$

因此，在 3 次独立重复试验中，事件 A 恰好发生 2 次的概率为 $\frac{9}{64}$．

9．已知随机变量 $\xi \sim N(1, 4)$，利用标准正态分布表，求：

（1）$P(0 < \xi \leqslant 2)$； （2）$P(5 < \xi < 7)$；

（3）$P(\xi \geqslant 2.3)$．

解答 （1）因 $\mu = 1$，$\sigma = 2$，所以

$$\begin{aligned} P(0 < \xi \leqslant 2) &= \Phi(\frac{2-1}{2}) - \Phi(\frac{0-1}{2}) \\ &= \Phi(\frac{1}{2}) - \Phi(-\frac{1}{2}) \\ &= 2\Phi(\frac{1}{2}) - 1 \\ &= 0.383\,0. \end{aligned}$$

（2）因 $\mu = 1$，$\sigma = 2$，所以

$$\begin{aligned} P(5 < \xi < 7) &= \Phi(\frac{7-1}{2}) - \Phi(\frac{5-1}{2}) \\ &= \Phi(3) - \Phi(2) \\ &= 0.021\,5. \end{aligned}$$

（3）因 $\mu = 1$，$\sigma = 2$，所以

$$\begin{aligned} P(\xi \geqslant 2.3) &= 1 - P(\xi \leqslant 2.3) \\ &= 1 - \Phi(\frac{2.3-1}{2}) \\ &= 1 - \Phi(0.65) \\ &= 0.257\,8. \end{aligned}$$

本章自我检测题

第3章自测题

1. 填空题

(1) $A_{10}^2 + C_5^3 \times 3! = $ _____.

(2) 从4种水稻品种中选出2种,分别种在不同土质的两块试验田中进行对比,不同的种植试验方法有_____种.

(3) 用0,2,4,6,8这5个数字可以组成没有重复数字的三位数的个数为_____.

(4) $(1+x)^5$ 的展开式的第4项是_____.

(5) $(2+x)^{10}$ 的展开式中,系数最大的项是第_____项,它的系数是_____.

(6) 已知随机变量 $\xi \sim B(2, 0.2)$,则 $E(\xi) = $ _____, $D(\xi) = $ _____.

(7) 已知随机变量 $\xi \sim B\left(5, \dfrac{1}{3}\right)$,则 $P(\xi \geqslant 4) = $ _____.

(8) 某射手射击一次击中目标的概率是0.8,则射击5次恰好击中3次的概率为_____.

(9) 已知正态总体落在区间 $(0.2, +\infty)$ 的概率为0.5,那么相应的正态曲线在 $x = $ _____时,达到最高点.

2. 选择题

(1) 将5个小球放入4个盒子里,不同的方法种数为(   ).

  A. 4^5 B. 5^4 C. A_5^4 D. C_5^4

(2) 从5名男生和3名女生中选出2名男生和2名女生去参加某项活动,不同的选法种数为(   ).

  A. $A_5^2 A_3^2$ B. $A_5^2 + A_3^2$

  C. $C_5^2 C_3^2$ D. $C_5^2 + C_3^2$

(3) 从5本不同的数学书和4本不同的语文书中任选3本,其中必须包括数学书和语文书,不同的选法种数为(   ).

  A. $C_5^2 C_4^1$ B. $A_5^2 A_4^1 + A_5^1 A_4^2$

  C. $C_5^1 C_4^2$ D. $C_5^2 C_4^1 + C_5^1 C_4^2$

（4）6个小组分到2个车间去实训，每个车间去3组，则不同的分配方案有（　　）．

　　A．C_6^3　　　　B．A_6^3　　　　C．$2C_6^3$　　　　D．$\dfrac{1}{2}C_6^3$

（5）1名教师与4名学生随机地站成一排，教师恰好站在中间位置的概率为（　　）．

　　A．$\dfrac{1}{4}$　　　　B．$\dfrac{1}{5}$　　　　C．$\dfrac{1}{20}$　　　　D．$\dfrac{4}{5}$

（6）已知随机变量 ξ 的概率分布如表 3-20 所示，则随机变量 ξ 的均值和方差为（　　）．

表 3-20

ξ	1	2	3
P	$\dfrac{1}{6}$	$\dfrac{1}{2}$	$\dfrac{1}{3}$

　　A．$\dfrac{31}{6}$，$\dfrac{17}{36}$　　　　　　B．$\dfrac{17}{36}$，$\dfrac{13}{6}$

　　C．$\dfrac{13}{6}$，$\dfrac{17}{36}$　　　　　　D．$\dfrac{13}{6}$，$\dfrac{5}{9}$

（7）若 $(\sqrt[5]{x}-\dfrac{1}{x})^{18}$ 展开式的第 n 项为常数项，则 $n=$（　　）．

　　A．3　　　　B．4　　　　C．5　　　　D．6

（8）事件 A 在一次随机试验中发生的概率为 $\dfrac{1}{3}$，则在 3 次独立重复试验中，事件 A 恰好发生 2 次的概率为（　　）．

　　A．$\dfrac{2}{9}$　　　　　　　　　　B．$\dfrac{4}{9}$

　　C．$\dfrac{2}{3}$　　　　　　　　　　D．$\dfrac{8}{9}$

（9）下列函数是正态分布密度函数的是（　　）．

　　A．$\varphi(x)=\dfrac{1}{\sqrt{2\pi}\sigma}e^{\frac{(x-\mu)^2}{2\sigma}}$　　　　B．$\varphi(x)=\dfrac{1}{\sqrt{2\pi}}e^{-\frac{1}{2}x^2}$

　　C．$\varphi(x)=\dfrac{1}{2\sqrt{2\pi}}e^{\frac{(x-1)^2}{4}}$　　　　D．$\varphi(x)=\dfrac{1}{\sqrt{2\pi}}e^{\frac{1}{2}x^2}$

3．一批产品共有 20 件，其中有 2 件次品，从中任取 3 件，求：

（1）恰有 1 件次品的取法种数；

（2）至少有 1 件次品的取法种数；

（3）全是合格品的取法种数．

4．某单位组织文艺联欢会，共征集了 8 个节目，由于时间限制，只能选取其中的 6 个节目进行表演，其中有 3 个最受欢迎的节目是必须表演的，那么共有多少种编排节目演出顺序的方法？

5．二项式 $(\sqrt[4]{\dfrac{1}{x}}+\sqrt[3]{x^2})^n$ 的展开式的倒数第 3 项的系数为 45，求含有 x^3 的项的系数．

6. 在一次测试中，甲、乙两人独立解出一道数学题的概率相同，若该题被甲或乙解出的概率是 0.36，求解出该题人数 ξ 的分布列.

7. 设随机变量 ξ 的概率分布如表 3-21 所示.

表 3-21

ξ	0	1	2	3	4	5	6
P	0.16	0.22	0.25	m	0.10	0.06	0.01

（1）求 m 的值；

（2）求 $E(\xi)$；

（3）求 $D(\xi)$.

8. 已知某种疗法的治愈率是 90%，在对 10 位病人采用这种疗法后，正好有 9 人被治愈的概率是多少？（精确到 0.01）

9. 某菜市场销售某种蔬菜，根据经验知道，进货后第一天售出的概率为 0.5，每 10 kg 的毛利为 3 元；进货后第二天售出的概率为 0.3，每 10 kg 的毛利为 1 元；进货后第三天售出的概率为 0.2，每 10 kg 的毛利为 -1 元．设每 10 kg 的毛利为随机变量 ξ．

（1）求随机变量 ξ 的概率分布；

（2）求随机变量 ξ 的均值；

（3）求随机变量 ξ 的方差．

10. 按照规定，某种型号灯管的使用寿命超过 500 小时为一级品．已知一大批此灯管的一级品率为 0.2，从中任意抽查 10 件，求这 10 只灯管中恰好有 5 个一级品的概率．

11. 已知随机变量 $\xi \sim N(0,1)$，求：

（1）$P(\xi \leqslant 0.6)$；　　　　　　（2）$P(\xi \geqslant -1.5)$；

（3）$P(1.15 < \xi \leqslant 2.14)$；　　　　（4）$P(|\xi| < 0.1)$．

12．已知随机变量 $\xi \sim N(25, 25)$，求：

（1）$P(\xi \leqslant 27)$；　　　　（2）$P(30 < \xi \leqslant 32.5)$．

13．已知某种罐装饮料的容量 $\xi \sim N(245, 2.5^2)$（单位：ml），容量在 245 ± 5 范围内都属于合格品，求任取一罐饮料为合格品的概率．

检测题答案

第1章 三角公式及应用

检测题1.1

1. (1) $\dfrac{\sqrt{2}-\sqrt{6}}{4}$; (2) $\dfrac{\sqrt{2}}{10}$; (3) $\dfrac{56}{65}$; (4) $\sqrt{3}$; (5) $-\dfrac{1}{4}$;
   (6) $-\sqrt{2}(\sin\dfrac{\alpha}{2}+\cos\dfrac{\alpha}{2})$.

2. (1) D; (2) D; (3) A; (4) A.

3. (1) $\dfrac{1}{2}$; (2) 0; (3) $-\sqrt{3}$; (4) $\dfrac{\sqrt{2}}{4}$.

4. (1) $\sin\alpha$; (2) $-\sin\beta$; (3) $\dfrac{\sqrt{3}}{2}$; (4) 2.

5. $-\dfrac{2\sqrt{3}+\sqrt{5}}{6}$, $-\dfrac{2\sqrt{3}+\sqrt{5}}{6}$.

6. $\dfrac{63}{65}$, $\dfrac{16}{65}$.

7. $-\dfrac{4}{7}$, $-\dfrac{1}{8}$.

8. 4.

9. $-\dfrac{120}{169}$, $-\dfrac{119}{169}$, $\dfrac{120}{119}$.

10. $\dfrac{18}{13}$.

11. $-\dfrac{3\pi}{4}$.

检 测 题 1.2

1. (1) 3, $\dfrac{\pi}{4}$; (2) 4, 6, $\dfrac{1}{6}$, $\dfrac{\pi}{6}$, $\dfrac{\pi}{3}$; (3) 3π, $\dfrac{\sqrt{2}}{4}$, 0.

2. (1) B; (2) C.

3. (1) $A=2$, $T=\dfrac{2\pi}{3}$, $\varphi=\dfrac{\pi}{4}$, $\dfrac{13\pi}{4}$; (2) $A=\dfrac{1}{2}$, $T=\pi$, $\varphi=-\dfrac{\pi}{6}$, $\dfrac{11\pi}{6}$.

4. 图略，周期为 8π，最大值为 2，最小值为 -2.

5. (1) 图略; (2) $[-\dfrac{3}{2}, 3]$; (3) 增区间 $[0, \dfrac{2\pi}{3}]$，减区间 $[\dfrac{2\pi}{3}, 2\pi]$.

6. $y=2\sin(\dfrac{x}{3}+\dfrac{\pi}{6})$.

7. (1) $T=\dfrac{1}{50}$, $f=50$, $A=5$, $\varphi=\dfrac{\pi}{3}$; (2) $\dfrac{5\sqrt{3}}{2}$, 0, 5.

检 测 题 1.3

1. (1) $2\sqrt{3}$; (2) 2; (3) $\sqrt{5}$; (4) $22°$.

2. (1) C; (2) C; (3) B; (4) A; (5) C; (6) D.

3. $\dfrac{\sqrt{3}}{2}$.

4. $120°$.

5. $\sqrt{3}$, $2\sqrt{3}$, $4\sqrt{3}$.

6. (1) $\sqrt{10}$; (2) $\dfrac{3\sqrt{6}}{8}$.

7. $\sqrt{5}$ km.

8. 55.77 n mile.

9. 129.9 m.

10. $2\,840.38$ m².

第 1 章自测题

1. (1) $\dfrac{\sqrt{6}-\sqrt{2}}{4}$; (2) $\dfrac{1}{2}$; (3) $-\dfrac{4}{7}$; (4) $\dfrac{1}{3}$, $\dfrac{7}{9}$; (5) 2;

   (6) $2\sqrt{3}$; (7) $12+\sqrt{39}$.

2．(1) C； (2) A； (3) A； (4) A； (5) D； (6) D；
(7) C； (8) C．

3．$-\dfrac{63}{65}$，$\dfrac{16}{65}$．

4．当 $x = \dfrac{5\pi}{6} + 2k\pi$，$k \in \mathbf{Z}$ 时，最大值为 2．

5．$\dfrac{4\sqrt{2}}{9}$，$\dfrac{7}{9}$，$\dfrac{4\sqrt{2}}{9}$．

6．$\dfrac{1}{3}$．

7．$y = 3\sin\left(2x - \dfrac{2\pi}{3}\right)$．

8．(1) 4π； (2) $\dfrac{2\pi}{3}$．

9．28.9 m．

10．43.3 m．

11．9.9 h．

10．409.2 m．

第 2 章　椭圆、双曲线、抛物线

检 测 题 2.1

1．(1) $\dfrac{x^2}{9} + \dfrac{y^2}{8} = 1$； (2) $\dfrac{9}{2}$ 或 $\dfrac{32}{9}$； (3) $0 < k < 1$；

(4) $\dfrac{x^2}{2} + y^2 = 1$，x 或 $\dfrac{y^2}{3+2\sqrt{2}} + \dfrac{x^2}{2(1+\sqrt{2})} = 1$，$y$．

2．(1) C； (2) B； (3) D； (4) C．

3．(1) $\dfrac{y^2}{25} + \dfrac{x^2}{16} = 1$； (2) $\dfrac{x^2}{49} + \dfrac{y^2}{9} = 1$ 或 $\dfrac{y^2}{49} + \dfrac{x^2}{9} = 1$； (3) $\dfrac{y^2}{25} + \dfrac{x^2}{16} = 1$．

4．(1) 长半轴长为 4，短半轴长为 $2\sqrt{3}$，焦点坐标为 $(-2,0)$，$(2,0)$，顶点坐标为 $(-4,0)$，$(4,0)$，$(0,-2\sqrt{3})$，$(0,2\sqrt{3})$，离心率为 $\dfrac{1}{2}$；

（2）长半轴长为$\sqrt{10}$，短半轴长为$\sqrt{6}$，焦点坐标为$(0,-2)$，$(0,2)$，顶点坐标为$(-\sqrt{6},0)$，$(\sqrt{6},0)$，$(0,-\sqrt{10})$，$(0,\sqrt{10})$，离心率为$\dfrac{\sqrt{10}}{5}$；

（3）长半轴长为$2\sqrt{2}$，短半轴长为$\sqrt{2}$，焦点坐标为$(-\sqrt{6},0)$，$(\sqrt{6},0)$，顶点坐标为$(-2\sqrt{2},0)$，$(2\sqrt{2},0)$，$(0,-\sqrt{2})$，$(0,\sqrt{2})$，离心率为$\dfrac{\sqrt{3}}{2}$；

（4）长半轴长为$3\sqrt{3}$，短半轴长为$\sqrt{3}$，焦点坐标为$(0,-2\sqrt{6})$，$(0,2\sqrt{6})$，顶点坐标为$(-\sqrt{3},0)$，$(\sqrt{3},0)$，$(0,-3\sqrt{3})$，$(0,3\sqrt{3})$，离心率为$\dfrac{2\sqrt{2}}{3}$.

5. $\dfrac{13}{5}$.

6. 18.

7. $\dfrac{x^2}{25}+\dfrac{y^2}{9}=1$.

8. $\dfrac{x^2}{48}+\dfrac{y^2}{36}=1$ 或 $\dfrac{x^2}{16}+\dfrac{y^2}{4}=1$.

9. $\dfrac{x^2}{3.524\,5^2}+\dfrac{y^2}{2.875\,2^2}=1$.

检 测 题 2.2

1. （1）17； （2）$\dfrac{x^2}{16}-\dfrac{y^2}{9}=1$； （3）$-1$； （4）$\sqrt{17}$ 或 $\dfrac{\sqrt{17}}{4}$.

2. （1）D； （2）A； （3）B； （4）A.

3. （1）$\dfrac{x^2}{3}-\dfrac{y^2}{9}=1$； （2）$\dfrac{x^2}{18}-\dfrac{y^2}{18}=1$； （3）$\dfrac{x^2}{2}-y^2=1$ （4）$\dfrac{y^2}{36}-\dfrac{x^2}{28}=1$.

4. （1）实轴长为12，短半轴长为6，焦点坐标为$(-3\sqrt{5},0)$，$(3\sqrt{5},0)$，顶点坐标为$(-6,0)$，$(6,0)$，离心率为$\dfrac{\sqrt{5}}{2}$，渐近线方程为$y=\pm\dfrac{1}{2}x$；

（2）实轴长为$4\sqrt{3}$，虚轴长为$2\sqrt{5}$，焦点坐标为$(-\sqrt{17},0)$，$(\sqrt{17},0)$，顶点坐标

$(-2\sqrt{3}, 0)$ 为, $(2\sqrt{3}, 0)$, 离心率为 $\dfrac{\sqrt{21}}{6}$, 渐近线方程为 $y = \pm\dfrac{\sqrt{15}}{6}x$;

(3) 实轴长为 $2\sqrt{3}$, 虚轴长为 2, 焦点坐标为 $(0,-2)$, $(0,2)$, 顶点坐标为 $(0,-\sqrt{3})$, $(0,\sqrt{3})$, 离心率为 $\dfrac{2\sqrt{3}}{3}$, 渐近线方程为 $y = \pm\sqrt{3}x$;

(4) 实轴长为 8, 虚轴长为 6, 焦点坐标为 $(-5,0), (5,0)$, 顶点坐标为 $(-4,0), (4,0)$, 渐近线方程为 $y = \pm\dfrac{3}{4}x$.

5. $\dfrac{x^2}{3} - \dfrac{y^2}{5} = 1$.

6. 6.

7. $\dfrac{x^2}{8} - \dfrac{y^2}{8} = 1$.

8. $\dfrac{x^2}{16} - \dfrac{y^2}{9} = 1$.

9. $\dfrac{x^2}{4} - \dfrac{y^2}{32} = 1$.

10. 不正常.

检 测 题 2.3

1. (1) $(0, -\dfrac{3}{8})$, $y = \dfrac{3}{8}$;　　(2) 4;　　(3) $(\pm 4\sqrt{3}, 4)$;

(4) $y^2 = -4x$ 或 $x^2 = \dfrac{1}{2}y$.

2. (1) D;　　(2) A;　　(3) B;　　(4) C;　　(5) B.

3. $y^2 = 4x$.

4. $(4, \pm 4\sqrt{2})$.

5. $y^2 = -12x$.

6. $a = 4$, $m = \pm 2\sqrt{3}$.

7. $(\pm 6, 9)$.

8. $\sqrt{15}$, $(1, \pm\sqrt{6})$.

9. $x^2 = 17.5y$.

第 2 章自测题

1. （1）x，椭圆； （2）3 或 $\frac{16}{3}$； （3）8； （4）$(0,-4\sqrt{3})$，$(0,4\sqrt{3})$；

   （5）$y^2=8x$ 或 $y^2=-8x$； （6）4； （7）$(\frac{1}{8}, \pm\frac{\sqrt{2}}{4})$．

2. （1）A； （2）D； （3）A； （4）C； （5）A； （6）D．

3. $\frac{x^2}{4}+y^2=1$ 或 $\frac{x^2}{4}+\frac{y^2}{16}=1$．

4. $(\frac{9}{2}, 25)$．

5. $\frac{x^2}{9}+\frac{y^2}{\frac{36}{5}}=1$．

6. 1．

7. $\frac{y^2}{12}-\frac{x^2}{36}=1$．

8. $\frac{x^2}{9}-\frac{y^2}{27}=1$．

9. $y^2=-4\sqrt{5}x$．

10. 4．

第 3 章　概率与统计

检 测 题 3.1

1. （1）1 814 400，450； （2）9； （3）36； （4）50；

   （5）64，24； （6）2 400．

2. （1）D； （2）B； （3）A； （4）B； （5）C．

3. 100 种．

4. 96 种，48 种．

5. 19 600 种，2 256 种，2 304 种．

6. 72 个．

7. 2 人或 3 人.

8. 31 场.

9. 495 种，362 880 种.

10. 5 760 种.

11.（1）378 种；（2）6 552 种；　　（3）20 475 种；（4）6 930 种.

检 测 题 3.2

1.（1）11，6；　　（2）$-120x$；　　（3）-2；　　（4）9.

2.（1）C；　（2）A；　（3）D；　（4）A；　（5）B.

3.（1）$(1+x)^8 = 1+8x+28x^2+56x^3+70x^4+56x^5+28x^6+8x^7+x^8$；

（2）$(2a+b)^5 = 32a^5+80a^4b+80a^3b^2+40a^2b^3+10ab^4+b^5$；

（3）$(x-\dfrac{1}{x})^6 = x^6-6x^4+15x^2-20+\dfrac{15}{x^2}-\dfrac{6}{x^4}+\dfrac{1}{x^6}$；

（4）$(\dfrac{\sqrt{x}}{2}-\dfrac{2}{\sqrt{x}})^4 = \dfrac{x^2}{16}-x+6-\dfrac{16}{x}+\dfrac{16}{x^2}$.

4. $T_6 = -252x^5$.

5. 210，840.

6. $\dfrac{224}{3}$.

7. $T_7 = 59\,136x^6$.

8. 3 003.

9. $-C_{11}^5 x^{13}$，$C_{11}^5 x^9$.

10. 330.

检 测 题 3.3

1.（1）2，4，6，8，10；　　（2）3，4，5；　　（3）$x_1 p_1 + x_2 p_2 + x_3 p_3 + \cdots + x_n p_n$，$[x_1-E(\xi)]^2 p_1 + [x_2-E(\xi)]^2 p_2 + [x_3-E(\xi)]^2 p_3 + \cdots + [x_n-E(\xi)]^2 p_n$；　　（4）$-0.3$，$-0.61$.

2.（1）B；　（2）B；　（3）B；　（4）D；　（5）A；　（6）D.

3. 略.

4. 0.34.

5. 略.

6. 略.

7. 略.

8. $-\dfrac{1}{2}$,$\dfrac{17}{12}$.

9. 3,$\dfrac{6}{5}$.

10. 4.1 元,6.09 元.

检 测 题 3.4

1. (1) $\dfrac{1}{825}$,$\dfrac{1}{825}$,$\dfrac{1}{625}$; (2) $C_n^k p^k(1-p)^{n-k}$; (3) 2; (4) ①③; (5) $\dfrac{80}{243}$.

2. $\dfrac{96}{625}$.

3. $\dfrac{36}{125}$.

4. 0.18.

5. $\dfrac{1}{3}$.

6. 0.9,0.291 6,0.999 9.

7. $\dfrac{11}{32}$.

8. 0.000 3.

9. 略.

10. 0.329 2,0.209 9,$\dfrac{10}{3}$,$\dfrac{10}{9}$.

检 测 题 3.5

1. (1) B; (2) C; (3) A; (4) D.

2. (1) 0.498 7; (2) 0.691 5; (3) 0.579 3; (4) 0.682 6.

3. (1) 0.079 3; (2) 0.532 8.

4. (1) 0.995 3; (2) 0.022 8; (3) 0.008 2; (4) 0.954 4.

5. 16 人.

6．0.774 5.

7．（1）0.841 3； （2）能保证.

8．0.890 4.

9．正确.

第 3 章自测题

1．（1）150； （2）12； （3）12； （4）$10x^3$； （5）6，8 064；

（6）0.4，0.32； （7）$\dfrac{11}{243}$； （8）0.204 8； （9）0.2.

2．（1）C； （2）C； （3）D； （4）C； （5）B； （6）C；

（7）B； （8）A； （9）B.

3．306 种，324 种，816 种.

4．7 200 种.

5．210.

6．略.

7．0.2，2.08，2.153 6.

8．0.39.

9．（1）略； （2）1.6； （3）2.44.

10．0.026.

11．（1）0.725 7； （2）0.933 2； （3）0.108 9； （4）0.079 6.

12．（1）0.655 4； （2）0.091 9.

13．0.954 4.